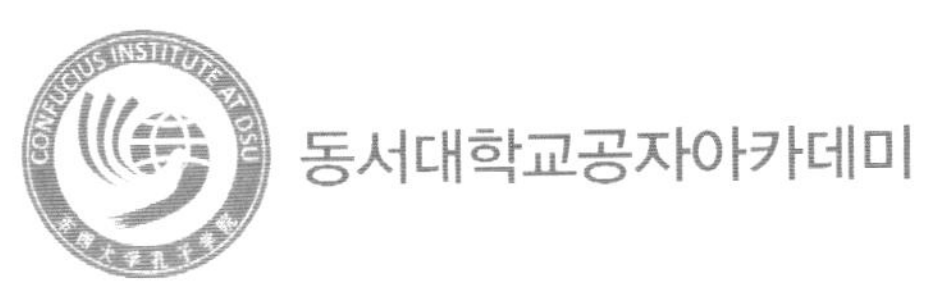

동서대학교공자아카데미

스탠다드 탄탄 중국어 초급 독해 I

정주연 편저 / 감건 감수

중 문

【 저자 소개 】

○ 편저자

정주연 / 중국 푸단대학 문학 박사

현) 동서대학교 중국어학과 부교수

현) 동서대학교 공자아카데미 원장

○ 감수

감건(甘健) / 중경사범대학 교육대학원 교육 석사

조선대학교 국어국문학과 문학 박사

현) 동서대학교 중국어학과 조교수

머리말

2021년 7월, 중국 교육부와 국가언어문자업무위원회는 글로벌 중국어 교육과 평가를 선도하고 중국어 학습과 교육의 질을 제고하기 위해 《국제 중국어 교육 중국어 수준 등급 표준》(이하 《등급 표준》)을 발표하였습니다. 《등급 표준》은 중국어 수준을 '3단계 9레벨'로 구분하여 국제화 시대에 부합하는 새로운 기준과 체계를 제시하였습니다. 이에 따라 교육 현장에서도 새로운 기준을 반영한 체계적인 교재 개발의 필요성이 더욱 강조되고 있습니다. 《스탠다드 탄탄 중국어 초급 독해 I》은 이러한 변화에 발맞추어 기획된 교재입니다.

이 책은 《등급 표준》이 제시한 HSK 1~2급 수준의 어휘와 문법 항목을 중심으로 구성하였습니다. 초급 단계의 학습자가 중국어의 기초 문형을 체계적으로 익히고, 문장의 구조와 의미를 스스로 파악하는 힘을 기를 수 있도록 하는 데 중점을 두었습니다. 특히 다양한 주제의 본문과 예문을 통해 기본적인 구문 원리를 자연스럽게 익히도록 하였으며, 읽기에서 이해로, 이해에서 쓰기로 이어지는 단계적 학습이 가능하도록 설계하였습니다. 본문의 한글 번역 또한 학습자의 문형 이해를 돕기 위해 가능한 한 직역에 가깝게 제시하였습니다.

중국어 학습의 출발점에 서 있는 학습자 여러분이 이 교재를 통해 기초를 탄탄하게 다지고, 한 문장 한 문장을 정확하게 이해하는 힘을 기르기를 바랍니다. 그 힘이 쌓여 지속적인 중국어 실력 향상을 위한 든든한 밑거름이 되기를 기대합니다.

끝으로 이 책이 출판되기까지 도움을 주신 모든 분께 깊은 감사의 마음을 전합니다.

2026년 2월

정주연 · 감건

일러두기

1. 중국의 지명은 중국어 발음을 한국어로 표기했습니다.

   [예] 北京 베이징

2. 인명은 각 나라에서 실제 사용하는 발음을 기준으로 하여 한국어로 표기했습니다.

   [예] 金敏智 Jīn Mǐnzhì 김민지　　　李明 Lǐ Míng 리밍

3. 중국어의 품사는 다음과 같이 약어로 표기했습니다.

품사명	약 어	품사명	약 어	품사명	약 어
명　　사	【명】	양　　사	【양】	조　　사	【조】
고유명사	【고유】	수 량 사	【수량】	감 탄 사	【감】
동　　사	【동】	능원동사	【능동】	의 성 사	【의성】
형 용 사	【형】	부　　사	【부】	접 두 사	【접두】
대　　사	【대】	개　　사	【개】	접 미 사	【접미】
수　　사	【수】	접 속 사	【접】		

목 차

我喜欢的

01

탄탄 어휘

喜欢	xǐhuan	【동】	(~을) 좋아하다
的	de	【조】	~것(명·동·형 뒤에서 명사화 표시)
非常	fēicháng	【부】	매우
水果	shuǐguǒ	【명】	과일
尤其	yóuqí	【부】	특히, 더욱
苹果	píngguǒ	【명】	사과
和	hé	【접】/【개】	~와, 그리고 / ~와, ~과
葡萄	pútao	【명】	포도
甜	tián	【형】	달다, 달콤하다
香蕉	xiāngjiāo	【명】	바나나
软	ruǎn	【형】	부드럽다, 연하다
又……又……	yòu~yòu~		~하면서 또한 ~하다
脆	cuì	【형】	아삭아삭하다, 바삭바삭하다
都	dōu	【부】	모두, 다
中国菜	Zhōngguó cài		중국 음식
也	yě	【부】	~도, 역시
特别	tèbié	【부】	특히, 각별히, 아주
比如	bǐrú	【접】	예를 들면, 예컨대
饺子	jiǎozi	【명】	교자, 만두
鸡蛋	jīdàn	【명】	달걀
炒饭	chǎofàn	【명】	볶음밥
些	xiē	【양】	약간, 조금
好吃	hǎochī	【형】	맛있다
因为	yīnwèi	【접】	~때문에, 왜냐하면
太	tài	【부】	너무, 몹시, 매우
能	néng	【능동】	할 수 있다
辣	là	【형】	맵다
所以	suǒyǐ	【접】	그러므로, 따라서
少	shǎo	【형】	적다
麻辣烫	málàtàng		마라탕

탄탄 독해

我喜欢的

我喜欢水果，尤其是葡萄、香蕉和苹果。葡萄甜甜的，香蕉软软的，苹果又甜又脆，我都非常喜欢。

我也特别喜欢中国菜，比如饺子和鸡蛋炒饭，这些都非常好吃。因为我不太能吃辣，所以很少吃麻辣烫。

읽기 연습

Wǒ xǐhuan de

Wǒ xǐhuan shuǐguǒ, yóuqí shì púotao, xiāngjiāo hé píngguǒ. Pútao tiántián de, xiāngjiāo ruǎnruǎn de, píngguǒ yòu tián yòu cuì, wǒ dōu fēicháng xǐhuan.

Wǒ yě tèbié xǐhuan Zhōngguó cài, bǐrú jiǎozi hé jīdàn chǎofàn, zhèxiē dōu fēicháng hǎochī. Yīnwèi wǒ bú tài néng chī là, suǒyǐ hěn shǎo chī málàtàng.

말하기 연습

내가 좋아하는 것

나는 과일을 좋아하는데, 특히 포도, 바나나, 그리고 사과를 좋아해요. 포도는 달콤하고, 바나나는 부드러우며, 사과는 달고 아삭아삭해서 모두 아주 좋아해요.

나는 중국 음식도 특히 좋아해요. 예를 들어 만두와 달걀볶음밥 같은 이런 것들은 모두 아주 맛있어요. 나는 매운 것을 잘 먹지 못해서 마라탕은 거의 먹지 않아요.

본문 쓰기 연습

탄탄 문법

1. 형용사술어문

我也特别喜欢中国菜，比如饺子和鸡蛋炒饭，这些都非常**好吃**。

‘好, 高, 忙, 漂亮, 高兴’과 같은 형용사가 술어 역할을 하는 문장을 ‘형용사술어문’이라고 한다. 긍정의미를 나타내는 평서문에서는 습관적으로 정도부사 ‘很’을 붙이며, 이때 ‘很’은 ‘매우’의 의미가 없다. 형용사술어문에서는 ‘很’ 외에도 의미에 따라 ‘有点儿, 比较, 非常, 十分, 太, 最’ 등 다양한 정도부사를 사용할 수 있다.

这本书很好。
이 책은 좋아요.

他哥哥很高。
그의 형은 키가 커요.

今天有点儿冷。
오늘은 조금 추워요.

奶奶今天非常高兴。
할머니는 오늘 매우 즐거워하세요.

这件衣服最漂亮。
이 옷이 가장 예뻐요.

형용사술어문의 부정은 형용사 앞에 부정부사 ‘不’를 붙인다. 의문문은 문장 끝에 어기사 ‘吗’를 붙이거나 형용사의 긍정형과 부정형을 병렬하여 정반의문문을 만든다. 부정문과 의문문에서는 습관적으로 사용하는 ‘很’은 붙이지 않는다. 단, 사용했다면 그 의미를 해석해야 한다.

你最近忙吗？我不忙。
당신 요즘 바빠요? 난 바쁘지 않아요.

你哥哥个子高不高？我哥哥不太高。
당신 형은 키가 큰가요? 우리 형은 그다지 크지 않아요.

你姐姐漂(亮)不漂亮？我姐姐比较漂亮。
당신 언니는 예뻐요? 우리 언니는 비교적 예뻐요.

2. 형용사 중첩

葡萄**甜甜的**，香蕉**软软的**，苹果又甜又脆，我都非常喜欢。

형용사는 중첩하여 사용할 수 있는데, 이 경우 의미가 강조된다. 따라서 중첩된 형용사의 앞에는 정도부사를 사용할 수 없다.

	AA			
1음절	高高 gāo gāo	大大 dà dà	甜甜 tián tián	软软 ruǎn ruǎn

	AABB	ABAB	BAA
2음절	高高兴兴 gāo gāo xìng xìng 漂漂亮亮 piào piào liàng liàng	通红通红 tōng hóng tōng hóng 冰凉冰凉 bīng liáng bīng liáng	红通通 hóng tōng tōng 凉冰冰 liáng bīng bīng

중첩형 형용사가 명사를 수식하거나 술어로 사용되면 뒤에 '的'를 붙인다.

大大的眼睛，高高的鼻子，她女儿非常漂亮。
큼지막한 눈에, 높다란 코로 그녀의 딸은 아주 예뻐요.

我妹妹常常穿漂漂亮亮的衣服。
우리 여동생은 늘 아주 예쁜 옷을 입어요.

他的房间干干净净(的)。
그의 방은 아주 깔끔해요.

小孩子的脸通红通红的。
어린아이의 얼굴이 새빨갛네요.

杯子里的水凉冰冰的。
잔 속의 물이 몹시 차요.

3. 又……又……

葡萄甜甜的，香蕉软软的，苹果又甜又脆，我都非常喜欢。

부사 '又'는 '다시, 또'의 뜻이나, '又……又……'의 형식으로 사용되면 '~하기도 하고, ~하기도 하다'의 뜻을 나타낸다.

哥哥今天又忙又累。
오빠는 오늘 바쁘고 피곤해요.

这个西瓜又大又甜。
이 수박은 크기도 하고, 달기도 해요.

这里的菜又好吃又便宜。
여기 음식은 맛있고 저렴해요.

4. 능원동사 能

因为我不太能吃辣，所以很少吃麻辣烫。

'能'은 '~할 수 있다'는 능력과 '~해도 좋다'는 허가의 뜻을 나타낸다. 부정형식은 능원동사 앞에 부정부사 '不'를 사용하고, 정반의문문의 경우 역시 능원동사의 긍정형과 부정형을 병렬한다. 단, '能'은 경우에 따라 '没(有)'로도 부정할 수 있으며, 정도부사의 수식을 받을 수도 있다.

我能看中文报纸。
나는 중국어 신문을 읽을 수 있어요.

你今天能完成作业吗？
당신은 오늘 과제를 완성할 수 있나요?

你的腿怎么样？现在能不能走路？
당신의 다리는 어때요? 지금은 걸을 수 있나요?

他能参加这次比赛。
그는 이번 경기에 참가할 수 있어요.

这里不能抽烟吗？
여기서 담배 피우면 안 되나요?

我能不能用你的手机？
내가 당신의 휴대폰을 사용해도 될까요?

연습 문제

一. 다음 제시어 중 알맞은 것을 골라 빈칸을 채우세요.

Ⓐ 好吃　　Ⓑ 喜欢　　Ⓒ 因为　　Ⓓ 很少

① 我________吃苹果和香蕉。
② 葡萄甜甜的，很________。
③ ________我不太能吃辣，所以很少吃麻辣烫。
④ 他平时________喝咖啡，更爱喝茶。

二. 본문 내용을 바탕으로 서로 관련된 표현을 선으로 연결하세요.

甜甜的 •	• 香蕉
软软的 •	• 苹果
又甜又脆的 •	• 葡萄
好吃的 •	• 中国菜

三. 본문 내용을 바탕으로 아래 질문에 알맞은 답을 고르세요.

① "我"喜欢吃什么？（　）
Ⓐ 麻辣烫　　Ⓑ 水果　　Ⓒ 肉

② "我"觉得苹果怎么样？（　）
Ⓐ 又酸又甜　　Ⓑ 软软的　　Ⓒ 又甜又脆

③ 下面哪种中国菜是"我"特别喜欢的？（　）
Ⓐ 饺子　　Ⓑ 麻辣烫　　ⓒ 面条

④ "我"为什么很少吃麻辣烫？（　）
Ⓐ 因为不好吃　　Ⓑ 因为不太能吃辣　　Ⓒ 因为不喜欢

四. 아래 제시어를 배열하여 문장을 완성하세요.

① 我 / 吃 / 水果 / 喜欢

____

② 甜甜 / 葡萄 / 的

____

③ 我 / 特别 / 也 / 喜欢 / 中国菜

____

④ 能吃辣 / 不 / 我 / 太

____

⑤ 吃 / 很少 / 麻辣烫 / 我

____

五. 다음 문장을 중국어로 번역하세요.

① 나는 중국 음식을 특히 좋아해요.

____

② 나는 매운 것을 잘 먹지 못해서 마라탕은 거의 먹지 않아요.

____

③ 포도는 달콤하고, 바나나는 부드러워요.

____

④ 사과는 달고 아삭아삭해요.

⑤ 만두와 달걀볶음밥은 모두 아주 맛있어요.

02

我的中国朋友

탄탄 어휘

的	de	【조】	~의 (관형어의 뒤에서 소유, 소속을 나타냄)
朋友	péngyou	【명】	친구
叫	jiào	【동】	~라고 부르다, (이름이)~이다
金敏智	Jīn Mǐnzhì	【고유】	김민지
是	shì	【동】	~이다
韩国	Hánguó	【명】	한국
人	rén	【명】	사람
今年	jīnnián	【명】	올해, 금년
岁	suì	【양】	살, 세
学习	xuéxí	【동】	학습하다, 공부하다
中文	Zhōngwén	【명】	중국어, 중국 언어와 문자
有	yǒu	【동】	있다
个	ge	【양】	개, 명사 앞에 쓰이는 양사
北京	Běijīng	【명】	베이징
我们	wǒmen	【대】	우리
每天	měitiān	【부】	매일
一起	yìqǐ	【부】	함께
吃饭	chī//fàn	【동】	밥을 먹다, 식사를 하다
李明	Lǐ Míng	【고유】	리밍
对	duì	【개】	~에게, ~에 대해
他	tā	【대】	그
在	zài	【동】【전】	~에 있다
开心	kāi//xīn	【형】	기쁘다, 즐겁다

탄탄 독해

我的中国朋友

我叫金敏智，是韩国人。我今年20岁，学习中文。我很喜欢中文，也非常喜欢中国。

我有一个中国朋友。他叫李明，是北京人。我们每天一起学习中文，一起吃饭。李明对我很好，和他在一起，我很开心。

읽기 연습

Wǒ yǒu yí ge Zhōngguó péngyou

Wǒ jiào Jīn Mǐnzhì, shì Hánguó rén. Wǒ jīnnián 20 suì, xuéxí Zhōngwén. Wǒ hěn xǐhuan Zhōngwén, yě fēicháng xǐhuan Zhōngguó.

Wǒ yǒu yí ge Zhōngguó péngyou. Tā jiào Lǐ Míng, shì Běijīng rén. Wǒmen měitiān yìqǐ xuéxí Zhōngwén, yìqǐ chīfàn. Lǐ Míng duì wǒ hěn hǎo, hé tā zài yìqǐ, wǒ hěn kāixīn.

말하기 연습

나의 중국 친구

나는 김민지이고 한국인이에요. 올해 20살이며, 중국어를 배워요. 중국어를 아주 좋아하고, 중국도 매우 좋아해요.

난 중국 친구가 한 명 있는데, 그는 리밍이라 부르고, 베이징 사람이에요. 우리는 매일 함께 중국어를 공부하고, 함께 식사를 해요. 리밍이 나에게 잘해줘서 그와 같이 있으면 즐거워요.

본문 쓰기 연습

탄탄 문법

1. 동사술어문

我叫金敏智，**是**韩国人。

술어의 주요 성분이 동사로 이루어진 문장을 '동사술어문'이라고 한다. 동사가 단독으로 사용될 수도 있고 목적어와 함께 사용될 수도 있다. 이 경우 목적어는 동사의 뒤에 위치한다.

부정문은 부정사를 동사 앞에 사용하고, 의문문은 문장 끝에 '吗'를 붙이거나, 동사의 긍정형과 부정형을 병렬하여 정반의문문을 만든다.

我去，他来。
내가 가고, 그가 와요.

他不是中国人。
그는 중국인이 아니에요.

你去学校吗？
당신은 학교에 가나요?

你弟弟学不学汉语？
당신의 남동생은 중국어를 배우나요?

중국어에서 형용사는 정도부사의 수식을 받을 수 있고, 동사는 목적어를 가질 수 있는 각각의 특징이 있다. 그러나 '喜欢, 爱, 怕'와 같은 심리활동동사들은 정도부사와 목적어를 모두 사용할 수 있다는 점에 유의하자.

我喜欢水果。
나는 과일을 좋아해요.

我非常喜欢看电影。
나는 영화 보는 것을 매우 좋아해요.

他很爱吃中国菜。
그는 중국음식 먹는 걸 아주 즐겨해요.

我们都很怕爷爷。
우리는 모두 할아버지를 아주 무서워해요.

2. 명사술어문

我今年20岁，学习中文。

'명사술어문'은 명사 또는 명사구가 술어 역할을 하는 문장이다. 주로 나이·날짜·요일·시간·가격 등을 나타내는 표현이 명사술어문을 이룬다. 단, 긍정형식의 문장에 '是'를 사용하면 의미를 강조하는 효과가 있다. 부정형식에서는 동사 '是'를 사용하여야 하므로 '不是'를 명사(구) 앞에 붙인다.

我姐姐今年22岁。
우리 누나는 올해 22살이에요.

今天9月12号。
오늘은 9월 12일이에요.

明天不是星期五，是星期六。
내일은 금요일이 아니라 토요일이에요.

这种苹果一斤8块。
이런 사과는 한 근에 8위안이에요.

3. 개사 对

李明**对**我很好，和他在一起，我很开心。

개사(介词)는 개사의 목적어와 함께 개사구를 이루어 술어의 앞에서 술어를 수식하는 부사어의 역할을 할 수 있다. 개사 '对'는 '~에게', '~에 대해'의 뜻으로 동작·행위의 대상을 나타낸다.

老师对学生们很热情。
선생님은 학생들에게 아주 열정적이세요.

他对中国文化很感兴趣。
그는 중국문화에 대해 아주 흥미가 있어요.

大家对这部电影不太满意。
다들 이 영화에 대해 그다지 만족하지 않아요.

对姐姐来说这个问题不太难。
언니에게 있어서 이 문제는 별로 어렵지 않아요.

연습 문제

一. 다음 제시어 중 알맞은 것을 골라 빈칸을 채우세요.

Ⓐ 叫　　Ⓑ 一起　　Ⓒ 对　　Ⓓ 喜欢　　Ⓔ 学习

① 我______金敏智，是韩国人。
② 我今年20岁，______中文。
③ 我很______中文，也很喜欢中国。
④ 我们每天______学习中文，一起吃饭。
⑤ 李明______我很好，和他在一起，我很开心。

二. 본문 내용을 바탕으로 서로 관련된 표현을 선으로 연결하세요.

韩国的 •	• 中文
中国的 •	• 北京
学习 •	• 金敏智
来自 •	• 李明

三. 본문 내용을 바탕으로 아래 질문에 알맞은 답을 고르세요.

① 金敏智是哪国人？（　　）
Ⓐ 中国人　　Ⓑ 韩国人　　Ⓒ 日本人

② 金敏智今年多大？（　　）
Ⓐ 18岁　　Ⓑ 20岁　　Ⓒ 22岁

③ 李明是哪国人？（　　）
Ⓐ 中国人　　Ⓑ 韩国人　　Ⓒ 日本人

④ 李明来自哪里？（　　）
Ⓐ 上海　　Ⓑ 广州　　Ⓒ 北京

⑤ 金敏智和李明每天一起做什么？（　　）(복수 선택 가능)

Ⓐ 学习中文　　　Ⓑ 吃饭　　　Ⓒ 看电影

四. 아래 제시어를 배열하여 문장을 완성하세요.

① 我 / 叫 / 金敏智

② 喜欢 / 非常 / 中国 / 我也

③ 中文 / 学习 / 我 / 一起 / 和李明

④ 北京人 / 是 / 李明

⑤ 很 / 在一起 / 开心 / 和他 / 我

五. 다음 문장을 중국어로 번역하세요.

① 중국어를 아주 좋아하고, 중국도 매우 좋아해요.

② 난 중국 친구가 한 명 있어요.

③ 그는 리밍이라 부르고, 베이징 사람이에요.

④ 우리는 매일 함께 중국어를 공부하고, 함께 식사를 해요.

⑤ 리밍이 나에게 잘해줘서 그와 같이 있으면 즐거워요.

03

我的一天

탄탄 어휘

从	cóng	【개】	~부터
星期一	xīngqīyī	【명】	월요일
到	dào	【개】	~까지
星期五	xīngqīwǔ	【명】	금요일
每天	měitiān	【부】	매일
都	dōu	【부】	모두, 항상
早上	zǎoshang	【명】	아침
半	bàn	【수】	반
点	diǎn	【양】	시(시간 단위)
起床	qǐ//chuáng	【동】	일어나다, 기상하다
上午	shàngwǔ	【명】	오전
课	kè	【명】	수업
中午	zhōngwǔ	【명】	정오, 점심
在	zài	【동】/【개】	~에 있다, ~에
学校	xuéxiào	【명】	학교
食堂	shítáng	【명】	식당, 구내식당
面条	miàntiáo	【명】	면, 국수
炸	zhá	【동】	튀기다
猪排	zhūpái	【명】	돼지고기 커틀릿
炸猪排	zházhūpái	【명】	돈가스
下午	xiàwǔ	【명】	오후
下课	xià//kè	【동】	수업이 끝나다
后	hòu	【명】	~후에, ~뒤에
常常	chángcháng	【부】	자주, 항상, 종종
图书馆	túshūguǎn	【명】	도서관
看书	kàn//shū	【동】	책을 읽다
晚上	wǎnshang	【명】	저녁, 밤
打	dǎ	【동】	하다 (전화 등)
电话	diànhuà	【명】	전화
左右	zuǒyòu	【명】	쯤, 가량, 정도
睡觉	shuì//jiào	【동】	잠을 자다

탄탄 독해

我的一天

从星期一到星期五，我每天早上7点半起床。

上午9点我有课，学习中文。中午12点，我在学校食堂吃饭，我喜欢吃面条和炸猪排。

下午3点下课后，我常常在图书馆看书。晚上7点，我和朋友打电话，11点左右睡觉。

읽기 연습

Wǒ de yì tiān

Cóng xīngqīyī dào xīngqīwǔ, wǒ měitiān zǎoshang 7 diǎn bàn qǐchuáng.

Shàngwǔ 9 diǎn wǒ yǒu kè, xuéxí Zhōngwén. Zhōngwǔ 12 diǎn, wǒ zài xuéxiào shítáng chīfàn, wǒ xǐhuan chī miàntiáo hé zhá zhūpái.

Xiàwǔ 3 diǎn xiàkè hòu, wǒ chángcháng zài túshūguǎn kànshū. Wǎnshang 7 diǎn, wǒ hé péngyou dǎ diànhuà, 11 diǎn zuǒyòu shuìjiào.

말하기 연습

나의 하루

월요일부터 금요일까지 나는 매일 아침 7시 반에 일어난다.

오전 9시에 난 수업이 있고, 중국어를 배운다. 낮 12시에 나는 학교 식당에서 밥을 먹는데, 국수와 돈가스 먹는 것을 좋아한다.

오후 3시에 수업을 마친 후 나는 종종 도서관에서 공부를 한다. 저녁 7시에 나는 친구와 통화를 하고, 11시쯤에 잠을 잔다.

본문 쓰기 연습

탄탄 문법

1. 从A到B

从星期一**到**星期五，我每天早上7点半起床。

개사 '从'과 '到'는 각각 '~부터', '~까지'의 뜻을 나타낸다. 즉, '从A到B'는 'A부터 B까지'라는 의미로 시간이나 장소의 범위를 표현한다.

我从10点到12点学习汉语。
나는 10시부터 12까지 중국어를 공부해요.

我爸爸从上午九点到晚上六点在公司工作。
우리 아버지는 오전 9시부터 저녁 6시까지 회사에서 근무하세요.

从我家到学校不远。
우리 집에서 학교까지는 멀지 않아요.

2. 시간표현

上午9点我有课，学习中文。

중국어에서 시간은 '点'과 '分'을 사용하여 나타낸다.

10:52　十点五十二分

15분은 '刻' 30분 '半'을 사용할 수도 있다.

3:15	三点十五分	=	三点一刻
4:30	四点三十分	=	四点半
5:45	五点四十五分	=	五点三刻

'몇 분 전'과 같은 표현은 '부족하다'는 뜻의 '差'를 사용한다.

5:45　差十五分六点 = 差一刻六点
8:55　八点五十五分 = 差五分九点

2시는 '两点'으로 표현해야 한다.

2:02　两点(零)二分
2:22　两二十二分

다양한 시간 표현

연	前年 재작년 qiánnián	去年 작년 qùnián	今年 올해 jīnnián	明年 내년 míngnián	后年 내후년 hòunián
월	上个月 지난 달 shàng ge yuè		这个月 이번 달 zhè ge yuè		下个月 다음 달 xià ge yuè
주	上个星期 지난 주 shàng ge xīngqī		这个星期 이번 주 zhè ge xīng qī		下个星期 다음 주 xià ge xīng qī
일	前天 그제 Qiántiān	昨天 어제 zuótiān	今天 오늘 jīntiān	明天 내일 míngtiān	后天 모레 hòu tiān
때	早上 아침 zǎoshang	上午 오전 shàngwǔ	中午 점심때 zhōngwǔ	下午오후 xiàwǔ	晚上 저녁 wǎnshang

시간 명사가 부사어로 사용되면 문장의 처음이나 주어 뒤에 놓인다.

这个星期五晚上我们一起吃饭吧。
이번 주 금요일 저녁에 우리 함께 식사해요.

他明年去中国。
그는 내년에 중국에 가요.

3. 동사 在와 개사 在

下午3点下课后，我常常**在**图书馆看书。

동사 '在'는 '在+장소'의 형식으로 사용되어 '~에 있다'의 뜻을 나타내고, 개사 '在'는 '在+장소+동사'의 형식으로 사용되어 '~에(서)'의 뜻을 나타낸다.

我在教室。
나는 교실에 있어요.

我在教室上课。
나는 교실에서 수업을 해요.

我在家。
나는 집에 있어요.

我在家休息。
나는 집에서 쉬어요.

연습 문제

一. 다음 제시어 중 알맞은 것을 골라 빈칸을 채우세요.

Ⓐ 看书　　Ⓑ 面条　　Ⓒ 炸猪排　　Ⓓ 起床　　Ⓔ 打电话

① 我每天早上7点半________。
② 中午我在学校食堂吃________和________。
③ 下午我在图书馆________。
④ 晚上7点，我和朋友________。

二. 본문 내용을 바탕으로 서로 관련된 표현을 선으로 연결하세요.

早上7点半 •	• 睡觉
上午9点 •	• 在图书馆看书
中午12点 •	• 起床
下午3点后 •	• 有中文课
晚上11点左右 •	• 在学校食堂吃饭

三. 본문 내용을 바탕으로 아래 질문에 알맞은 답을 고르세요.

① "我"每天早上几点起床？（　　）
Ⓐ 7点　　Ⓑ 7点半　　Ⓒ 8点

② "我"上午9点有什么课？（　　）
Ⓐ 英文课　　Ⓑ 日文课　　Ⓒ 中文课

③ "我"中午在哪里吃饭？（　　）
Ⓐ 学校食堂　　Ⓑ 家里　　Ⓒ 饭店

④ "我"喜欢吃什么？（　　）（복수 선택 가능）
Ⓐ 米饭　　Ⓑ 面条　　Ⓒ 炸猪排

⑤ 下午3点下课后，“我”做什么？（　　）

Ⓐ 回家　　Ⓑ 运动　　Ⓒ 在图书馆看书

四. 아래 제시어를 배열하여 문장을 완성하세요.

① 起床 / 7点半 / 早上 / 我每天

____

② 中文 / 学习 / 上午9点 / 我

____

③ 吃 / 面条 / 中午 / 我 / 喜欢

____

④ 在图书馆 / 看书 / 下课后 / 我 / 下午3点

____

⑤ 睡觉 / 11点左右 / 我 / 晚上

____

五. 다음 문장을 중국어로 번역하세요.

① 나는 매일 아침 7시 반에 일어난다.

____

② 오전 9시에 난 수업이 있고, 중국어를 배운다.

____

③ 낮 12시에 나는 학교 식당에서 밥을 먹어요.

④ 저녁 7시에 나는 친구와 통화를 해요.

⑤ 오후 3시에 수업을 마친 후 나는 종종 도서관에서 공부를 한다.

我的房间

04

탄탄 어휘

这	zhè	【지】	이, 이것
房间	fángjiān	【명】	방
里	lǐ	【명】	속, 안
张	zhāng	【양】	장, 개 (종이·침대·탁자 등을 세는 단위)
床	chuáng	【명】	침대
靠	kào	【동】	기대다, 기대어 두다
着	zhe	【조】	~해 있다. ~한 채로 있다. (동작이 끝난 뒤 정지 상태의 지속)
窗户	chuānghu	【명】	창문
上	shàng	【명】	위
放	fàng	【동】	놓다
白色	báisè	【명】	흰색, 백색
枕头	zhěntou	【명】	베개
下	xià	【명】	밑, 아래
摆	bǎi	【동】	놓다, 진열하다
双	shuāng	【양】	켤레 (신발·양말 등 쌍을 이룬 물건을 세는 단위)
鞋子	xiézi	【명】	신발
前面	qiánmian	【명】	앞면, 앞쪽
桌(子)	zhuō(zi)	【명】	책상, 탁자
书	shū	【명】	책
笔	bǐ	【명】	펜, 필기구
杯子	bēizi	【명】	잔, 컵
墙	qiáng	【명】	벽
挂	guà	【동】	걸다
地图	dìtú	【명】	지도
不过	búguò	【접】	하지만
没有	méiyǒu	【동】	없다
冰箱	bīngxiāng	【명】	냉장고
想	xiǎng	【능동】	~하고 싶다, ~하려 하다
买	mǎi	【동】	사다
台	tái	【양】	대 (기계·차량 등을 세는 단위)

탄탄 독해

我的房间

这是我的房间。房间里有一张床，靠着窗户。床上放着一个白色软软的枕头。床下摆着一双鞋子。

床前面是一张桌子。桌上有书、笔和杯子。房间墙上挂着一张中国地图。不过房间里没有冰箱，我想买一台。

읽기 연습

Wǒ de fángjiān

Zhè shì wǒ de fángjiān. Fángjiān lǐ yǒu yì zhāng chuáng, kào zhe chuānghu. Chuángshang fàng zhe yí ge báisè ruǎnruǎn de zhěntou. Chuáng xià bǎi zhe yì shuāng xiézi.

Chuáng qiánmian shì yì zhāng zhuōzi. Zhuō shàng yǒu shū, bǐ hé bēizi. Fángjiān qiángshang guà zhe yì zhāng Zhōngguó dìtú.

Búguò fángjiān lǐ méiyǒu bīngxiāng, wǒ xiǎng mǎi yì tái.

말하기 연습

나의 방

여기는 내 방이에요. 방안에는 침대가 하나 있는데 창문 쪽에 붙여져 있어요. 침대 위에는 흰색의 푹신푹신한 베개 하나가 놓여 있어요. 침대 밑에는 신발 한 켤레가 놓여 있고요.

침대 앞에는 책상이에요. 책상 위에는 책·필기구 그리고 컵이 있어요. 방의 벽면에는 중국 지도 한 장이 걸려 있어요. 하지만 방안에 냉장고가 없어서 난 한 대 사려고 해요.

본문 쓰기 연습

탄탄 문법

1. 방위사

房间**里**有一张床，靠着窗户。

방위나 위치를 나타내는 낱말을 방위사라고 한다. 각종 방위사에는 '쪽'이나 '면'의 의미인 '边', '面'을 붙일 수 있다.

	边(儿) biān(r)	面(儿) miàn(r)
上 shàng 위	上边 shàngbian	上面 shàngmian
下 xià 아래	下边 xiàbian	下面 xiàmian
里 lǐ 안	里边 lǐbian	里面 lǐmian
外 wài 밖	外边 wàibian	外面 wàimian
左 zuǒ 왼쪽	左边 zuǒbian	左面 zuǒmian
右 yòu 오른쪽	右边 yòubian	右面 yòumian
前 qián 앞	前边 qiánbian	前面 qiánmian
后 hòu 뒤	后边 hòubian	后面 hòumian
东 dōng 동	东边 dōngbian	东面 dōngmian
西 xī 서	西边 xībian	西面 xīmian
南 nán 남	南边 nánbian	南面 nánmian
北 běi 북	北边 běibian	北面 běimian
旁边 pángbiān 옆		

2. 동태조사 着 (1)

床上放着一个白色软软的枕头。

동태조사 '着'는 진행이나 지속의 의미를 나타낼 수 있는데, 여기서는 지속의 용법에 대해 알아보자. 하나의 동작 또는 동작이 끝난 후 지속되는 상태는 '동사+着'의 형식으로 표현하며, 문장 끝에 '呢'를 동반할 수 있다.

哥哥在椅子上坐着。
오빠는 의자에 앉아 있어요.

桌子上放着一本书。
책상 위에는 책 한 권이 놓여 있어요.

房间的门开着呢。
방문은 열려 있어요.

3. 존현문

床下摆着一双鞋子。

어떤 장소에 사람 또는 사물이 존재하거나 새로 나타나거나, 사라지는 상황을 표현하는 문장을 존현문이라고 한다. '장소+동사+(了/着)+목적어'형식이 주로 사용된다. 존재를 나타내는 문장에서는 동사 뒤에 '着'가 주로 사용되고, 출현과 사라짐을 나타내는 문장에서는 주로 '了'가 사용된다. 존현문의 목적어는 불확실한 사람, 사물로 주로 수량사의 수식을 받는 형식으로 표현된다.

床上放着一件衣服。
침대 위에는 옷이 한 벌 놓여져 있어요.

墙上挂着一张画儿。
벽면에는 그림이 한 장 걸려 있어요.

公司里发生了一件大事。
회사에 큰 일이 한 건 발생했어요.

아래 두 문장도 존재를 나타내지만 위의 형식을 사용하면 구체적인 동작이 끝난 뒤 지속되는 상태를 강조할 수 있다.

床上有一件衣服。
침대 위에는 옷이 한 벌 있어요.

衣服旁边是皮包。
옷 옆에는 핸드백이에요.

4. 想

不过房间里没有冰箱，我**想**买一台。

'想'은 '~하고 싶다', '~ 하려 한다'의 희망, 바람을 나타낸다.

我想看中国电影。
나는 중국 영화를 보고싶어요.

我不想听音乐。
나는 음악을 듣고 싶지 않아요.

你想去首尔吗？
당신은 서울에 가고 싶나요?

你想不想吃中国菜？
당신은 중국음식이 먹고 싶나요?

연습 문제

一. 다음 제시어 중 알맞은 것을 골라 빈칸을 채우세요.

Ⓐ 放着　　Ⓑ 挂着　　Ⓒ 一双　　Ⓓ 想　　Ⓔ 没有

① 床上________一个白色软软的枕头。

② 床下摆着________鞋子。

③ 房间墙上________一张中国地图。

④ 不过房间里________冰箱，我________买一台。

二. 본문 내용을 바탕으로 서로 관련된 표현을 선으로 연결하세요.

白色软软的 •	• 书、笔和杯子
床下的 •	• 中国地图
桌上的 •	• 枕头
墙上的 •	• 鞋子
靠着窗户的 •	• 床

三. 본문 내용을 바탕으로 아래 질문에 알맞은 답을 고르세요.

① 房间里有什么家具？（　　）（복수 선택 가능）

Ⓐ 床　　Ⓑ 桌子　　Ⓒ 冰箱　　Ⓓ 沙发

② 枕头是什么样的？（　　）

Ⓐ 蓝色的、硬硬的　　Ⓑ 白色的、软软的　　Ⓒ 黄色的、大大的

③ 墙上挂着什么？（　　）

Ⓐ 一张画　　Ⓑ 一张照片　　Ⓒ 一张中国地图

④ 说话人想买什么？（　　）

Ⓐ 一张新床　　Ⓑ 一台冰箱　　Ⓒ 一张新桌子

四. 아래 제시어를 배열하여 문장을 완성하세요.

① 房间 / 这 / 是 / 我的

____

② 白色软软的 / 枕头 / 放着 / 一个 / 床上

____

③ 床前面 / 是 / 一张 / 桌子

____

④ 一张 / 挂着 / 房间墙上 / 中国地图

____

⑤ 冰箱 / 想 / 一台 / 买 / 我

____

五. 다음 문장을 중국어로 번역하세요.

① 여기는 내 방이에요.

____

② 방안에는 침대가 하나 있는데 창문 쪽에 붙여져 있어요.

____

③ 책상 위에는 책·필기구 그리고 컵이 있어요.

④ 방의 벽면에는 중국 지도 한 장이 걸려 있어요.

⑤ 침대 밑에는 신발 한 켤레가 놓여져 있어요.

一年四季

05

탄탄 어휘

年	nián	【명】	해, 년
春	chūn	【명】	봄
夏	xià	【명】	여름
秋	qiū	【명】	가을
冬	dōng	【명】	겨울
四	sì	【수】	4, 넷
季节	jìjié	【명】	계질
每个	měi	【대】	매, 각각, ~마다
不同	bùtóng	【형】	같지 않다, 다르다
风景	fēngjǐng	【명】	풍경
春天	chūntiān	【명】	봄
暖和	nuǎnhuo	【형】	따뜻하다
到处	dàochù	【부】	곳곳에, 여기저기, 가는 곳
能	néng	【능원】	~할 수 있다
看到	kàn dào		보다, 보게 되다
绿	lǜ	【형】	푸르다
叶子	yèzi	【명】	잎
美丽	měilì	【형】	아름답다
花儿	huār	【명】	꽃
夏天	xiàtiān	【명】	여름
特别	tèbié	【부】	특별히, 아주
热	rè	【형】	덥다, 뜨겁다
清凉	qīngliáng	【형】	시원하다, 청량하다
西瓜	xīguā	【명】	수박
秋天	qiūtiān	【명】	가을
比较	bǐjiào	【부】	비교적, 꽤

凉快	liángkuai	【형】	시원하다, 서늘하다.
山	shān	【명】	산
枫叶	fēngyè	【명】	단풍잎
红	hóng	【형】	빨갛다, 붉다
漂亮	piàoliang	【형】	예쁘다, 아름답다
极了	jí le		아주, 극히, 몹시
冬天	dōngtiān	【명】	겨울
冷	lěng	【형】	춥다, 차다.
下雪	xià//xuě	【동】	눈이 오다, 눈이 내리다
的时候	de shíhou	【명】	~할 때
最	zuì	【부】	가장, 제일, 최고
雪地	xuědì	【명】	눈밭, 설원
堆	duī	【동】	쌓다
雪人	xuěrén	【명】	눈사람

탄탄 독해

一年四季

一年有春夏秋冬四个季节。每个季节都有不同的风景。

春天很暖和，到处都能看到绿绿的叶子和美丽的花儿。夏天特别热，我每天都吃清凉的西瓜。

秋天比较凉快，山上的枫叶都红了，漂亮极了。冬天非常冷，下雪的时候，我最喜欢在雪地里堆雪人。

읽기 연습

Yì nián sìjì

Yì nián yǒu chūnxiàqiūdōng sì ge jìjié. Měi gè jìjié dōu yǒu bù tóng de fēngjǐng.

Chūntiān hěn nuǎnhuo, dàochù dōu néng kàn dào lǜlǜ de yèzi hé měilì de huār. Xiàtiān tèbié rè, wǒ měitiān dōu chī qīngliáng de xīguā.

Qiūtiān bǐjiào liángkuai, shānshang de fēngyè dōu hóng le, piàoliang jí le. Dōngtiān fēicháng lěng, kěshì xià xuě de shíhou, wǒ zuì xǐhuan zài xuě dì lǐ duī xuěrén.

말하기 연습

1년 사계절

1년은 봄, 여름, 가을, 겨울 네 계절이 있어요. 각 계절마다 모두 다른 풍경을 가지고 있어요.

봄은 따뜻하여 곳곳에서 푸른 잎과 아름다운 꽃을 볼 수 있어요. 여름은 특히 더워서 나는 매일 시원한 수박을 먹어요.

가을은 비교적 시원하며, 산 위의 단풍잎이 모두 빨갛게 물들면 무척 아름다워요. 겨울은 매우 춥지만, 눈 내릴 때 나는 눈밭에서 눈사람 만드는 것을 가장 좋아해요.

본문 쓰기 연습

탄탄 문법

1. 결과보어

春天很暖和，到处都能看到绿绿的叶子和美丽的花儿。

'看到'는 '동작(看 보다)+결과(到 결과나 목적에 도달하다)'의 구조로 이루어져 있다. '到'처럼 동사 뒤에 위치하여 동작의 결과가 어떻게 되었는지를 보충 설명하는 문장 성분을 결과보어라고 한다. 결과보어의 부정은 동사 앞에 '没(有)'를 사용한다.

긍정형	부정형
找到 zhǎo dào 찾아내다	没找到 méi zhǎo dào 찾아 내지 못하다
准备好 zhǔnbèi hǎo 준비를 잘(다) 하다	没准备好 méi zhǔnbèi hǎo 준비를 잘(다)하지 못하다
做完 zuò wán 다 만들다, 끝내다	没做完 méi zuò wán 다 만들지 못하다
说对 shuō duì 옳게 말하다	没说对 méi shuō duì 옳게 말하지 못하다
写错 xiě cuò 잘못 쓰다	没写错 méi xiě cuò 잘못 쓰지 않았다

2. 어기조사 了

秋天比较凉快，山上的枫叶都红了，漂亮极了。

어기조사 '了'는 문장의 끝 또는 문장 중의 끊어지는 곳에 쓰여서 변화 또는 새로운 상황의 출현을 나타낸다. 즉 '红了'는 녹색이었던 나뭇잎이 빨갛게 변한 것을 나타낸다.

天气热了。
날씨가 더워졌어요.

我最近胖了。
나 요즘 살이 쪘어요.

她今年二十岁了。
그녀는 올해 20살이 됐어요.

已经八点了，快起床吧。
벌써 8시가 됐어요, 얼른 일어나세요.

吃饭了，快坐吧。
식사해요, 얼른 앉으세요.

他不能去了。
그는 갈 수 없게 됐어요.

3. 정도보어 极了

秋天比较凉快，山上的枫叶都红了，漂亮**极了**。

술어인 동사·형용사의 뒤에서 동작 행위나 상태가 높은 정도에 이르렀음을 나타내는 문장 성분을 정도보어라고 한다. 형식상 '得'를 사용하는 것과 사용하지 않는 것이 있는데, '得'를 사용하지 않는 경우 보어 뒤에 조사 '了'를 함께 사용한다.

'得'를 사용하지 않는 경우	'得'를 사용하는 경우
好极了 hǎo jí le 정말 좋다	好得很 hǎo de hěn 정말 좋다
忙多了 máng duō le 훨씬 바빠졌다	忙得多 máng de duō 훨씬 바쁘다
冷死了 lěng sǐ le 추워 죽겠다	冷得要命 lěng de yào mìng 죽도록 춥다
差远了 chà yuǎn le 차이가 너무 크다	差得远 chà de yuǎn 차이가 많이 나다

연습 문제

一. 다음 제시어 중 알맞은 것을 골라 빈칸을 채우세요.

Ⓐ 春天　Ⓑ 极了　Ⓒ 凉快　Ⓓ 热　Ⓔ 雪

① 一年有春夏秋冬四个季节，我最喜欢________。
② 夏天特别________，我每天都吃西瓜。
③ 秋天比较________，山上的枫叶很漂亮。
④ 山上的枫叶红了，真是漂亮________。
⑤ 冬天下________的时候，我最喜欢堆雪人。

二. 본문 내용을 바탕으로 서로 관련된 표현을 선으로 연결하세요.

春天 •	• 堆雪人
夏天 •	• 枫叶红了
秋天 •	• 吃西瓜
冬天 •	• 能看到绿叶和花儿

三. 본문 내용을 바탕으로 아래 질문에 알맞은 답을 고르세요.

① 下面哪个季节的特点没有？（　　）
Ⓐ 春天很暖和　Ⓑ 夏天常下雨　Ⓒ 冬天下雪

② "我"在夏天每天都做什么？（　　）
Ⓐ 吃西瓜　Ⓑ 游泳　Ⓒ 喝冰水

③ 枫叶在哪个季节会变红？（　　）
Ⓐ 春天　Ⓑ 夏天　Ⓒ 秋天

④ "我"在冬天最喜欢做什么？（　　）
Ⓐ 滑冰　Ⓑ 堆雪人　Ⓒ 打雪仗

⑤ 哪个季节能看红色的枫叶呢？（　　）

Ⓐ 春天　　Ⓑ 秋天　　Ⓒ 冬天

四. 아래 제시어를 배열하여 문장을 완성하세요.

① 一年 / 四个 / 季节 / 有 / 春夏秋冬

____

② 很 / 春天 / 暖和

____

③ 西瓜 / 冰凉的 / 吃 / 我 / 每天 / 都

____

④ 秋天 / 凉快/ 比较

____

⑤ 堆雪人 / 在雪地里 / 我 / 最喜欢

____

五. 다음 문장을 중국어로 번역하세요.

① 각 계절마다 모두 다른 풍경을 가지고 있어요.

____

② 나는 매일 시원한 수박을 먹어요.

____

③ 산 위의 단풍잎이 모두 빨갛게 물들면 무척 아름다워요.

____

④ 눈 내릴 때 나는 눈밭에서 눈사람을 만드는 것을 가장 좋아해요.

⑤ 곳곳에서 푸른 잎과 아름다운 꽃을 볼 수 있어요.

我的宠物

06

탄탄 어휘

只	zhī	【양】	마리 (작은 동물을 세는 단위)
猫	māo	【명】	고양이
因为……所以……	yīnwèi~ suǒyǐ~	【접】	왜냐하면~ 그래서~
它	tā	【대】	그것 (동물·사물 지칭)
豆腐	dòufu	【명】	두부
吃	chī	【동】	먹다
得	de	【조】	동사·형용사의 뒤에서 보어를 연결해 주는 역할
多	duō	【형】	많다, 많이
特别	tèbié	【부】	특별히, 매우
爱	ài	【동】	좋아하다, 사랑하다
鱼	yú	【명】	생선, 물고기
完	wán	【동】	끝내다, 다 ~하다
后	hòu	【명】	후, 뒤
既……又……	jì~ yòu~	【접】	~뿐만 아니라 또한~, ~하고 또 ~하다
喂	wèi	【동】	먹이다, 먹이를 주다.
东西	dōngxi	【명】	물건, 음식
玩儿	wánr	【동】	놀다
只要……就……	zhǐyào~ jiù~	【접】	~하기만 하면 곧~
已经	yǐjīng	【부】	이미, 벌써
跟	gēn	【개】	~와, ~하고
快……了	kuài~ le		곧 ~이다, 머지않아 ~하다
不仅……还……	bùjǐn~ hái~	【접】	~뿐만 아니라 ~도
宠物	chǒngwù	【명】	반려동물
好朋友	hǎo péngyou	【명】	좋은 친구
总是	zǒngshì	【부】	언제나, 늘

탄탄 독해

我的宠物

我有一只猫，因为它是白色的，所以叫它"豆腐"。"豆腐"每天吃得很多，它特别爱吃鱼，吃完后总是睡觉。

我每天既喂它吃东西，又和它玩儿，只要我在，它就玩得很开心。豆腐已经跟我在一起快五年了，它不仅是我的宠物，还是我的好朋友。

읽기 연습

Wǒ de chǒngwù

Wǒ yǒu yì zhī māo, yīnwèi tā shì báisè de, suǒyǐ jiào tā "Dòufu".

"Dòufu" měitiān chī de hěn duō, tā tèbié ài chī yú, chī wán hòu zǒngshì shuìjiào.

Wǒ měitiān jì wèi tā chī dōngxi, yòu hé tā wánr, zhǐyào wǒ zài, tā jiù wán de hěn kāixīn. Dòufu yǐjīng gēn wǒ zài yìqǐ kuài wǔ nián le, tā bùjǐn shì wǒ de chǒngwù, hái shì wǒ de hǎo péngyou.

말하기 연습

나의 반려동물

나는 고양이가 한 마리 있는데, 흰색이어서 '두부'라고 불러요. '두부'는 매일 많이 먹고, 특히 생선을 잘 먹어요. 다 먹고 나면 늘 잠을 자요.

나는 매일 먹을 것도 주고, 함께 놀아주기도 해요. 내가 있기만 하면 두부는 즐겁게 놀아요. 두부는 이미 나와 함께한 지 5년이 다 되었어요. 두부는 나의 반려동물일뿐 아니라 나의 좋은 친구이기도 해요.

본문 쓰기 연습

탄탄 문법

1. 상태보어

"豆腐"每天吃**得很多**，它特别爱吃鱼，吃完后总是睡觉。

'상태보어'는 정도를 표현할 수 없는 동사의 동작 결과 나타난 상태를 설명해주는 보어이다. 일부 형용사 뒤에도 사용된다. 중심 술어와 상태보어는 구조조사 '得'로 연결되며, 보어부분에는 주로 형용사(구)가 사용된다. 이때의 용법은 형용사술어문과 동일하며, 동사구나 절도 보어 역할을 할 수 있다. 상태보어문을 부정할 때는 보어 부분을 부정하며, 문장에 목적어가 있으면 동사를 반복하여 사용한다. 이때 목적어 앞에 위치한 동사는 생략할 수 있다.

她长得很漂亮。
그녀는 예쁘게 생겼어요.

他游泳游得不太快。
그는 수영하는 게 그다지 빠르지 않아요.

他(说)汉语说得像中国人一样流利。
그는 중국인처럼 유창하게 중국어를 말해요.

妹妹难过得流下了眼泪。
여동생은 슬퍼서 눈물을 흘렸어요.

2. 快……了

豆腐已经跟我在一起**快**五年**了**，……

'快……了'는 '곧 ~하려 한다'의 의미로, 가까운 미래에 발생할 일을 표현하는 형식이다. 이 표현은 '要……了', '快要……了', '就……了', '就要……了' 등 다양한 형태로도 사용된다.

她要回家了。
그녀는 곧 집에 갈 거예요.

冬天快要到了。
머지않아 겨울이 올 거예요.

我们就到北京了。
우린 곧 베이징에 도착할 거예요.

我们下个星期就要考试了。
우린 다음 주에 바로 시험을 칠 거예요.

3. 접속사

我每天既喂它吃东西，又和它玩儿，……

'既A, 又B' 형식은 'A하고 또 B하다', 'A할뿐 아니라 또한 B하다' 의 의미를 나타낸다. 이때 A와 B는 주로 이미 성립된 사실이며, 병렬 관계에 있다. '又'대신에 '也'를 사용할 수도 있다.

他既会说汉语，又会说英语。
그는 중국어도 할 수 있고, 영어도 할 수 있어요.

她既喜欢喝茶，也喜欢喝咖啡。
그녀는 차 마시는 것도 좋아하고, 커피 마시는 것도 좋아해요.

……，只要我在，它就玩得很开心。

'只要'는 조건을 나타내는 접속사이다. 주로 뒤에 부사 '就'가 호응하여, '~하기만 하면 ~하다'의 뜻을 나타낸다.

只要你努力，就能成功。
당신이 노력하기만 하면, 성공할 수 있어요.

只要你能来，我就很高兴。
당신이 올 수만 있다면, 나는 기뻐요.

……, 它**不仅**是我的宠物, **还**是我的好朋友。

'不仅A, 还B' 형식 역시 'A할 뿐만 아니라 B하다', 'A하고 또 B하다'의 의미를 나타낸다. 이때 B를 A보다 더 강조하는 느낌이 있다. '还' 대신 '而且', '也'를 사용할 수도 있다.

这家的菜不仅好吃, 还挺便宜。
여기 음식은 맛있을 뿐만 아니라 아주 저렴하기까지 해요.

小王不仅工作努力, 而且经常帮助别人。
샤오왕은 일을 열심히 할 뿐만 아니라, 자주 다른 사람을 돕기도 해요.

这本书不仅有意思, 也对学习很有帮助。
이 책은 재미있을 뿐만 아니라, 공부에도 아주 도움이 돼요.

연습 문제

一. 다음 제시어 중 알맞은 것을 골라 빈칸을 채우세요.

Ⓐ 叫　Ⓑ 特别　Ⓒ 既……又……　Ⓓ 只要……就……　Ⓔ 不仅……还……

① 因为它是白色的，所以我________它“豆腐”。

② 豆腐________爱吃鱼。

③ 我每天________喂它吃东西，________和它玩儿。

④ ________我在，它________玩得很开心。

⑤ 它________是我的宠物，________是我的好朋友。

二. 본문 내용을 바탕으로 서로 관련된 표현을 선으로 연결하세요.

白色的 •	• 鱼
爱吃的 •	• 好朋友
吃完后 •	• 名字是“豆腐”
我的 •	• 睡觉
跟我在一起 •	• 快五年了

三. 본문 내용을 바탕으로 아래 질문에 알맞은 답을 고르세요.

① 这只猫为什么叫“豆腐”？（　　）

Ⓐ 因为它爱吃豆腐　Ⓑ 因为它是白色的　Ⓒ 因为它很软

② 豆腐特别喜欢吃什么？（　　）

Ⓐ 猫粮　Ⓑ 肉　Ⓒ 鱼

③ 豆腐吃完鱼后经常做什么？（　　）

Ⓐ 玩儿　Ⓑ 睡觉　Ⓒ 跑来跑去

④ “我”每天为豆腐做什么？（　　）（복수 선택 가능）

Ⓐ 喂它吃东西　　Ⓑ 和它玩儿　　Ⓒ 给它洗澡

⑤ 豆腐和“我”在一起多久了？（　　）

Ⓐ 快五年了　　Ⓑ 三年　　Ⓒ 七年

四. 아래 제시어를 배열하여 문장을 완성하세요.

① 一只 / 我 / 有 / 猫

____

② 我的猫 / 很多 / 吃得

____

③ 鱼 / 爱吃 / 特别 / 它

____

④ 吃东西 / 喂它 / 又 / 我 / 既 / 和它玩儿

____

⑤ 五年了 / 已经 / 在一起 / 快 / 跟我 / 那只猫

____

五. 다음 문장을 중국어로 번역하세요.

① 내가 있기만 하면 우리 고양이는 즐겁게 놀아요.

____

② 우리 고양이는 나의 반려동물일뿐 아니라 나의 좋은 친구이기도 해요.

③ 나는 고양이가 한 마리 있어요.

④ 우리 집 고양이는 매일 많이 먹고, 특히 생선을 잘 먹어요.

⑤ 나는 매일 우리 집 고양이에게 먹을 것도 주고, 함께 놀아주기도 해요.

购物

07

탄탄 어휘

购物	gòuwù	【동】	물건을 구입하다, 쇼핑하다
去	qù	【동】	가다
超市	chāoshì	【명】	슈퍼마켓
买	mǎi	【동】	사다
了	le	【조】	동사 뒤에서 동작의 완료 표시
平时	píngshí	【명】	평소, 평상시
喝	hē	【동】	마시다
豆奶	dòunǎi	【명】	두유
但	dàn	【접】	그러나
价格	jiàgé	【명】	가격
比	bǐ	【개】	~보다
牛奶	niúnǎi	【명】	우유
高	gāo	【형】	높다, 비싸다
选择	xuǎnzé	【동】	선택하다, 고르다
更	gèng	【부】	더
便宜	piányi	【형】	싸다, 저렴하다
另外	lìngwài	【부】	이 외에, 그 밖에
一些	yìxiē	【수】	약간의, 몇
面包	miànbāo	【명】	빵
之前	zhīqián	【명】	이전에
尝	cháng	【동】	맛보다
过	guo	【조】	…한 적이 있다. [동사 뒤에서 과거의 경험을 나타냄]
奶油	nǎiyóu	【명】	크림
口味	kǒuwèi	【명】	맛 , 입맛
味道	wèidao	【명】	맛
不错	búcuò	【형】	괜찮다, 좋다
以后	yǐhòu	【명】	이후
坐车	zuò chē		차를 타다
回家	huí//jiā	【동】	집으로 돌아가다[오다], 귀가하다

탄탄 독해

购物

今天我去超市买了很多东西。我平时喜欢喝豆奶，但今天豆奶的价格比牛奶高，所以我选择了更便宜的。

另外，我还买了一些面包，尤其是之前尝过的奶油口味，味道很不错。我买好了所有的东西以后，就坐车回家了。

읽기 연습

Gòuwù

Jīntiān wǒ qù chāoshì mǎi le hěn duō dōngxi. Wǒ píngshí xǐhuan hē dòunǎi, dàn jīntiān dòunǎi de jiàgé bǐ niúnǎi gāo, suǒyǐ wǒ xuǎnzé le gèng piányi de.

Lìngwài, wǒ hái mǎi le yìxiē miànbāo, yóuqí shì zhīqián cháng guo de nǎiyóu kǒuwèi, wèidao hěn búcuò. Wǒ mǎi hǎo le suǒyǒu de dōngxi yǐhòu, jiù zuò chē huíjiā le.

말하기 연습

쇼핑

오늘 나는 슈퍼마켓에 가서 많은 물건을 샀다. 나는 평소에 두유 마시는 것을 좋아하지만, 오늘은 두유의 가격이 우유보다 비싸서 더 저렴한 것을 선택했다.

또 나는 빵도 조금 샀는데, 특히 전에 먹어본 적이 있는 크림 맛은 맛이 아주 괜찮았다. 나는 모든 물건을 다 산 이후에 바로 차를 타고 집으로 돌아왔다.

본문 쓰기 연습

탄탄 문법

1. 동태조사 了

今天我去超市买**了**很多东西。

동태조사 '了'는 동사의 뒤에 쓰여 동작이 실현되었거나 혹은 완성되었음을 나타낸다. 부정형은 동사 앞에 '没(有)'를 사용하는데, 이때 '了'는 함께 사용할 수 없다.

小张昨天回国了。
샤오장은 어제 귀국했어요.

妹妹今天没买衣服。
여동생은 오늘 옷을 사지 않았어요.

(1) 목적어가 있을 경우 아래 사항에 주의해야 한다.

① 목적어 앞에 수량사나 다른 관형어가 있으면 동사 뒤에 동태조사 '了' 사용 가능.

我今天买了一本书。
나는 오늘 책을 한 권 샀어요.

我吃了妈妈做的面条。
나는 어머니가 만드신 국수를 먹었어요.

② 간단한 목적어가 사용됐다면 문장끝에 어기조사 '了'가 있을 때만 동태조사 '了' 사용가능.

我买(了)书了。
나는 책을 샀어요.

昨晚我跟我朋友见了面，吃了饭，喝了咖啡，回家了。
어젯밤에 나와 내 친구와 만나 밥을 먹고, 커피를 마시고, 집으로 돌아왔어요.

※ 간단한 목적어가 사용된 문장에서 동태조사 '了'만 사용하면 문장을 끝낼 수 없다. 두 가지 '了'가 모두 사용된 경우 동태조사 '了'는 생략할 수 있다.

(2) '동사+了, (就)……'구문은 '~하고 나서 곧 ~한다'는 의미를 표현한다.

我们明天下了课就去看电影吧。
우리 내일 수업 마치고 영화 보러 가요.

他昨天吃了饭就去图书馆了。
그는 어제 밥 먹고 바로 도서관에 갔어요.

※ 이때 동태조사 '了'는 동작의 실현을 나타낼 뿐 과거 시제를 결정하는 것은 아니다. 즉, 미래의 일이라도 동작의 실현을 나타낸다면 동태조사 '了'를 사용할 수 있다.

2. 비교표현: 比

我平时喜欢喝豆奶，但今天豆奶的价格比牛奶高，……

개사 '比'를 사용하여 **'A比B + 형용사'**의 형식으로 'A는 B보다 ~하다'는 의미를 나타낼 수 있다. 부정형은 '不'를 '比' 앞에 붙여 **'A 不比 B + 형용사'** 형태로 만든다. 이러한 문장에서 정도의 차이를 나타낼 때는 '很', '非常', '太' 등은 사용할 수 없고, '更', '还' 등을 사용하여 '더 ~하다'는 뜻을 나타낼 수 있다.

哥哥比弟弟高。
형이 동생보다 커요.

这件衣服比那件更贵。
이 옷이 저것보다 더 비싸요.

她比她妹妹漂亮多了。
그녀는 여동생보다 훨씬 예뻐요.

爸爸比妈妈大四岁。
아버지가 어머니보다 네 살 많아요.

他的成绩不比我好。
그의 성적은 나보다 좋지는 않아요. (나와 같거나 나쁨)

3. 동태조사 过

……， 尤其是之前尝**过**的奶油口味，味道很不错。

동태조사 '过'는 '~을 한 적이 있다'의 뜻으로, 과거의 경험을 강조할 때 동사 뒤에 붙여 사용한다. 부정형은 동사 앞에 '没(有)'를 사용하여 표현한다.

我去过上海。
나는 상하이에 가본 적이 있어요.

你吃过麻婆豆腐吗？
당신은 마파두부를 먹어본 적이 있나요?

我还没看过这本书。
나는 아직 이 책을 본 적이 없어요.

4. 연동문

我买好了所有的东西以后，就**坐**车**回**家了。

연동문은 주어 하나에 술어가 두 개 이상 연이어 사용되어, 동작의 선후, 목적, 수단, 방법 등을 나타내는 형식이다. 이때 동사는 시간 순서에 따라 배열되며, 일반부사, 부정부사, 능원동사 등의 수식 성분은 주로 첫 번째 동사 앞에 위치한다. 동태조사의 경우 '着'는 첫 번째 동사 뒤에, '了'와 '过'는 마지막 동사에 뒤에 사용되며, 동사 중첩의 경우 마지막 동사를 중첩한다.

주어 + (부사/ 능원동사) + 술어1(着) + 술어2(了 / 过)

我去图书馆学习。
나는 도서관에 공부하러 가요.

我不想去看电影。
나는 영화 보러 가고 싶지 않아요.

妈妈昨天去商场买了我的衣服。
어머니는 어제 쇼핑몰에 가서 제 옷을 사셨어요.

他听着音乐看书。
그는 음악을 들으면서 책을 봐요.

我从来没有戴着眼镜看过书。
난 여태껏 안경을 쓰고 책을 본 적이 없어요.

我们去公园散散步，怎么样？
우리 공원에 가서 산책 좀 하는 게 어때요?

연습 문제

一. 다음 제시어 중 알맞은 것을 골라 빈칸을 채우세요.

Ⓐ 超市　　Ⓑ 价格　　Ⓒ 味道　　Ⓓ 便宜　　Ⓔ 平时

① 今天我去________买了很多东西。

② 我________喜欢喝豆奶。

③ 今天豆奶的________比牛奶高。

④ 所以我选择了更________的牛奶。

⑤ 奶油口味面包的________很不错。

二. 본문 내용을 바탕으로 서로 관련된 표현을 선으로 연결하세요.

去 •	• 豆奶
喝 •	• 超市
比较 •	• 奶油口味
尝过 •	• 价格
坐 •	• 车回家

三. 본문 내용을 바탕으로 아래 질문에 알맞은 답을 고르세요.

① "我"今天去了哪里？（　　）

Ⓐ 商场　　Ⓑ 市场　　Ⓒ 超市

② "我"平时喜欢喝什么？（　　）

Ⓐ 牛奶　　Ⓑ 果汁　　Ⓒ 豆奶

③ 为什么"我"今天选择了牛奶？（　　）

Ⓐ 因为牛奶更好喝　Ⓑ 因为牛奶更便宜　Ⓒ 因为牛奶更健康

④ “我”买了什么口味的面包？（　　）

Ⓐ 奶油口味　　Ⓑ 巧克力口味　　Ⓒ 草莓口味

⑤ “我”买完东西后怎么回家的？（　　）

Ⓐ 走路　　Ⓑ 坐车　　Ⓒ 骑车

四. 아래 제시어를 배열하여 문장을 완성하세요.

① 我 / 今天 / 去 / 超市 / 了

____

② 喝 / 喜欢 / 平时 / 我 / 豆奶

____

③ 价格 / 豆奶的 / 比牛奶 / 高

____

④ 奶油 / 面包 / 我 / 买了 / 一些

____

⑤ 就坐车 / 我买好了 / 回家了 / 所有东西

____

五. 다음 문장을 중국어로 번역하세요.

① 나는 평소에 두유 마시는 것을 좋아해요.

____

② 오늘 나는 슈퍼마켓에 가서 많은 물건을 샀다.

____

③ 나는 차를 타고 집으로 돌아왔다.

____

④ 나는 빵도 조금 샀어요.

____

⑤ 오늘은 두유의 가격이 비싸서 더 저렴한 것을 선택했다.

____

周末去公园

08

탄탄 어휘

周末	zhōumò	【명】	주말
公园	gōngyuán	【명】	공원
附近	fùjìn	【명】	부근, 근처
离	lí	【개】	~에서, ~로부터
近	jìn	【형】	가깝다
走	zǒu	【동】	걷다, 걸어가다.
着	zhe	【조】	동작의 진행 표시
过	guò	【동】	건너다. 지나다.
路上	lùshàng	【명】	길 위, 도중
一直	yìzhí	【부】	계속, 줄곧, 쭉
聊天	liáo//tiān	【동】	이야기하다
开	kāi	【동】	열다, (꽃이)피다
湖水	húshuǐ	【명】	호숫물
清	qīng	【형】	맑다
让	ràng	【동】	~하게 하다
觉得	juéde	【동】	느끼다, 생각하다
舒服	shūfu	【형】	편안하나
湖边	húbiān	【명】	호숫가
一边…一边…	yìbiān~ yìbiān~		한편으로 ~하면서 ~하다
听	tīng	【동】	듣다
音乐	yīnyuè	【명】	음악
欣赏	xīnshǎng	【동】	감상하다
找	zhǎo	【동】	찾다
长椅	chángyǐ	【명】	긴 의자, 벤치
咖啡	kāfēi	【명】	커피

탄탄 독해

周末去公园

周末，我和朋友去了学校附近的一个公园。公园离学校很近，我们走着过去，路上一直聊天，非常开心。

公园里的花都开了，很漂亮；湖水很清，让人觉得很舒服。上午，我们坐在湖边，一边听音乐一边欣赏美丽的风景。下午，我们找了一张长椅，喝着咖啡聊天，聊得特别开心。

읽기 연습

Zhōumò qù gōngyuán

Zhōumò, wǒ hé péngyou qù le xuéxiào fùjìn de yí ge gōngyuán. gōngyuán lí xuéxiào hěn jìn, wǒmen zǒu zhe guòqu, lùshàng yìzhí liáotiān, fēicháng kāixīn.

gōngyuán lǐ de huā dōu kāi le, hěn piàoliang; húshuǐ hěn qīng, ràng rén juéde hěn shūfu. Shàngwǔ, wǒmen zuò zài hú biān, yìbiān tīng yīnyuè yìbiān xīnshǎng měilì de fēngjǐng. Xiàwǔ, wǒmen zhǎole yì zhāng chángyǐ, hē zhe kāfēi liáotiān, liáo de tèbié kāixīn.

말하기 연습

주말에 공원에 갔어요

주말에 나는 친구와 학교 근처의 공원에 갔어요. 공원이 학교에서 가까워서, 우리는 걸어서 갔어요. 가는 도중 내내 이야기를 하며, 매우 즐거웠어요.

공원 안의 꽃이 모두 피어서 아주 아름다웠고, 호숫물은 맑아서 아주 편안하게 느껴졌어요. 오전에 우리는 호숫가에 앉아서 음악을 들으며, 아름다운 풍경을 감상했어요. 오후에는 벤치를 찾아서 커피를 마시며 얘기를 나눴는데, 얘기하는 게 특히 즐거웠어요.

본문 쓰기 연습

탄탄 문법

1. 개사 离

公园**离**学校很近，……

개사 '离'는 '~에서', '~로부터'의 뜻으로, 공간이나 시간의 거리를 나타낼 때 기준이 되는 장소나 시점을 표시한다. '离'는 기준점 앞에 위치하며, 거리는 주로 형용사나 수량사로 나타낸다.

电影院离学校很近。
영화관은 학교에서 가까워요.

我家离地铁站不远。
우리 집은 지하철역에서 멀지 않아요.

离电影开始还有十分钟。
영화가 시작하려면 아직 10분 남았어요.

离春节还有两个星期左右。
설까지 아직 두 주 정도 남았어요.

2. 동태조사 着(2)

……，我们走**着**过去，路上一直聊天，非常开心。

동태조사 '着'는 동사 뒤에 사용되어 진행이나 지속의 의미를 나타낼 수 있는데, 여기서는 진행의 용법을 살펴보자.

① 동작의 진행을 표시할 때 '着'는 주로 부사 '在', '正', '正在' 또는 어기조사 '呢'와 함께 사용된다.

孩子吃着饭呢。
아이는 밥을 먹고 있어요.

我们正在等着你呢。
우리는 마침 당신을 기다리고 있는 중이에요.

昨天我去他家时，他正看着书呢。
어제 내가 그의 집에 갔을 때 그는 마침 책을 보고 있었어요.

② 한 동작이 진행되면서 다른 동작이 동반되는 경우, '着'는 첫 번째 동사 뒤에 위치하며, 두 번째 동작을 하는 방식·태도·상태 등을 나타낸다. 이때는 '着'만으로도 진행 의미를 표현할 수 있다.

我弟弟喜欢躺着看电视。
우리 남동생은 누워서 TV 보는 것을 좋아해요.

妹妹哭着跑出了房间。
여동생은 울면서 방을 뛰어나갔어요.

3. 방향보어

……，**我们走着过去**，路上一直聊天，非常开心。

방향보어는 방향동사가 동사나 형용사의 뒤에 사용되어 동작의 진행방향 또는 파생된 의미인 결과나 상태 등을 보충설명하는 역할을 한다. 방향보어는 아래와 같이 세 가지 유형으로 나눌 수 있다.

구분		B형:객관적인 실제 방향						
		上	下	进	出	回	过	起
A형: 화자 중심 방향	来	上来 올라오다	下来 내려오다	进来 들어오다	出来 나오다	回来 돌아오다	过来 건너오다	起来 일어나다
	去	上去 올라가다	下去 내려가다	进去 들어가다	出去 나가다	回去 돌아가다	过去 건너가다	-
		C형: 객관적인 실제 방향 + 화자 중심 방향						

① A형: 단순방향보어 중 '来'와 '去'가 여기에 속한다. 말하는 사람을 기준으로 삼아 동작자가 화자와 가까워지면 '来', 멀어지면 '去'를 사용한다.

他刚刚跑去了。
그는 방금 뛰어갔어요.

妹妹已经回家来了。
여동생은 이미 집에 돌아왔어요.

② B형: 단순방향보어 중 '上, 下, 进, 出, 回, 过, 起'는 어느 누구의 입장에서도 변하지 않는 객관적인 방향을 나타낸다.

他很快地跑上了十楼。
그는 재빨리 10층을 뛰어올랐어요.

老师一句也不说, 走出了教室。
선생님은 한 마디도 하지 않고, 교실을 걸어 나갔어요.

③ C형: 복합방향보어는 '객관적인 방향(B형)'과 '화자 중심 방향(A형)'이 결합되어 두 가지 관점을 동시에 나타낸다. '起'는 '来'와만 결합할 수 있다.

学生们都站起来了。
학생들이 모두 일어났어요.

我们马上跑上去吧。
우리가 바로 뛰어올라가자.

弟弟跑进屋里来了。
남동생이 방 안으로 뛰어들어 왔어요.

4. 겸어문

湖水很清, **让人觉得**很舒服。

'让, 请, 叫, 使' 등의 동사는 '~에게 ~하게 하다'라는 사역의 의미를 나타낸다. 이 동사들의 목적어는 뒤에 오는 동작의 주어 역할도 함께 하므로, 하나의 명사가 목적어이면서 동시에 주어 역할을 겸하는 문장, 즉 겸어문을 이룬다. 이때 부정부사, 능원동사는 주로 첫 번째 술어 앞에 위치하며, '了, 着, 过' 같은 동태조사는 일반적으로 '请, 让, 叫, 使'의 뒤에는 사용하지 않는다.

주어+ 술어1+목적어
주 어 + 술어2 ……

老师让我们交作业。
선생님이 우리에게 과제를 제출하라고 하세요.

今晚我请大家吃饭。
오늘 저녁에 내가 여러분에게 한턱낼게요.

妈妈叫我去买东西了。
어머니가 나에게 물건을 사러 가라고 하셨어요.

这本书使我非常感动。
이 책은 나를 매우 감동시켰어요.

他不让我说。
그는 내가 말하지 못하게 해요.

爸爸不想让我去美国。
아버지는 나를 미국에 보내고 싶어하지 않으세요.

연습 문제

一. 다음 제시어 중 알맞은 것을 골라 빈칸을 채우세요.

Ⓐ 一直　　Ⓑ 舒服　　Ⓒ 附近　　Ⓓ 欣赏　　Ⓔ 长椅

① 我们去了学校________的一个公园。

② 我们走着过去，路上________聊天，很开心。

③ 上午，我们坐在湖边，一边听音乐一边________美丽的风景。

④ 下午，我们找了一张________，喝着咖啡聊天。

⑤ 湖水很清，让人觉得很________。

二. 본문 내용을 바탕으로 서로 관련된 표현을 선으로 연결하세요.

走着过去 •	• 很清，让人舒服
公园里的花 •	• 一边听音乐一边欣赏风景
湖水 •	• 离学校很近
坐在湖边 •	• 都开了，很漂亮
喝着咖啡聊天 •	• 找了一张长椅

三. 본문 내용을 바탕으로 아래 질문에 알맞은 답을 고르세요.

① "我们"是怎么去公园的？（　　）

Ⓐ 坐车　　Ⓑ 骑车　　Ⓒ 走路

② 关于公园里的湖水，课文是怎么说的？（　　）

Ⓐ 湖水很深　　Ⓑ 湖水很清　　Ⓒ 湖水很蓝

③ 上午"我们"在湖边做什么？（　　）（복수 선택 가능）

Ⓐ 听音乐　　Ⓑ 欣赏风景　　Ⓒ 喝咖啡

④ 下午“我们”在哪里聊天？（　　）

Ⓐ 草地上　　Ⓑ 长椅上　　Ⓒ 亭子里

⑤ “我们”这一天的心情怎么样？（　　）

Ⓐ 很累　　Ⓑ 很无聊　　Ⓒ 很开心

四. 아래 제시어를 배열하여 문장을 완성하세요.

① 附近的 / 一个公园 / 学校 / 去了 / 我们

____

② 湖水 / 人觉得 / 让 / 很舒服

____

③ 听音乐 / 欣赏 / 我们 / 美丽的风景 / 一边 / 一边

____

④ 找了一张 / 我们 / 长椅 / 下午

____

⑤ 咖啡 /聊天 /我们 /喝着

____

五. 다음 문장을 중국어로 번역하세요.

① 주말에 나는 친구와 학교 근처의 공원에 갔어요.

____

② 공원이 학교에서 가까워요.

③ 우리는 걸어서 갔어요.

④ 우리는 얘기하는 게 특히 즐거웠어요.

⑤ 공원 안의 꽃이 모두 피어서 아주 아름다웠어요.

09

我的寒假

탄탄 어휘

寒假	hánjià	【명】	겨울방학
马上	mǎshàng	【부】	곧, 바로
就	jiù	【부】	곧, 바로, 강조
要	yào	【능동】	~할 것이다, ~하려고 하다
到	dào	【동】	도착하다
打算	dǎsuàn	【동】	계획하다, ~할 작정이다
好好儿	hǎohāor	【부】	제대로, 충분히
休息	xiūxi	【동】	쉬다
一下	yíxià	【수량】	한번 ~하다, 좀 ~하다
首先	shǒuxiān	【부】	먼저, 우선
家人	jiārén	【명】	가족
海南	Hǎinán	【지명】	하이난
旅游	lǚyóu	【동】	여행하다
听说	tīngshuō	【동】	듣자 하니, ~라고 들었다
那里	nàlǐ	【대】	거기, 그곳
像	xiàng	【동】	닮다, 비슷하다, ~와 같다
一样	yíyàng	【형】	같다, 동일하다
然后	ránhòu	【접】	그리고 나서
计划	jìhuà	【동】	계획하다
电影	diànyǐng	【명】	영화
火锅	huǒguō	【명】	훠궈, 중국식 샤브샤브
虽然	suīrán	【접】	비록 ~이지만
但是	dànshì	【접】	그러나
假期	jiàqī	【명】	휴가, 방학기간
长	cháng	【형】	길다
一定	yídìng	【부】	반드시, 꼭
会	huì	【능동】	~할 것이다
过	guò	【동】	보내다, 지내다

탄탄 독해

我的寒假

寒假马上就要到了，我打算好好儿休息一下。首先，我要跟家人一起去海南旅游，听说那里的冬天暖和得像春天一样。然后，我计划跟朋友们看看电影，吃吃火锅。

虽然假期不太长，但是我一定会过得非常开心！

읽기 연습

Wǒ de hánjià

Hánjià mǎshàng jiù yào dàole, wǒ dǎsuàn hǎohāor xiūxi yíxià. Shǒuxiān, wǒ yào gēn jiārén yìqǐ qù Hǎinán lǚyóu, tīngshuō nàlǐ de dōngtiān nuǎnhuo de xiàng chūntiān yíyàng. Ránhòu, wǒ jìhuà gēn péngyou men kànkan diànyǐng, chīchi huǒguō.

Suīrán jiàqī bú tài cháng, dànshì wǒ yídìng huì guò de fēicháng kāixīn!

말하기 연습

나의 겨울방학

곧 겨울방학이 다가와서, 나는 푹 좀 쉴 계획이에요. 먼저 나는 가족과 함께 하이난으로 여행을 갈 거예요. 그곳의 겨울은 봄처럼 따뜻하다고 들었어요. 그 다음에는 친구들과 영화도 보고, 훠궈도 먹어볼 계획이에요.

방학기간이 비록 그다지 길지 않지만, 나는 반드시 아주 즐겁게 보낼 거예요.

본문 쓰기 연습

탄탄 문법

1. 要

寒假马上就要到了，我打算好好儿休息一下。

능원동사 '要'는 의지와 당위성을 나타내며, 각각 '~할 것이다', '~해야 한다'의 뜻으로 사용된다. 의지를 부정할 때는 '不想', '不愿意'를 사용하고, 당위성을 부정할 때는 '不用', '不必'를 사용한다.

'不要'는 '别'와 마찬가지로 '~하지 마라'는 금지의 뜻을 나타낸다.

我要学开车。
나는 운전을 배울 거예요.

我不想学开车。
나는 운전을 배우고 싶지 않아요.

大家要注意安全啊。
여러분, 안전에 주의해야 해요.

我已经到宿舍了，妈妈不用为我担心了。
제가 이미 기숙사에 도착했으니, 어머니는 저 때문에 걱정하실 필요 없어요.

外边在下雨，你不要出去。
바깥에 비가 오고 있으니, 당신은 나가지 말아요.

2. 像……一样

……，听说那里的冬天暖和得像春天一样。

'닮다, 비슷하다'의 의미를 나타내는 동사 '像'이 '같다'의 의미를 나타내는 형용사 '一样'과 어울려 '~과 같다', '~처럼'의 뜻을 표현한다. '像' 외에 '好像'도 자주 사용되는데, 이때는 '마치 ~인 것 같다'라는 추측·비유의 의미가 더 강해진다.

这个孩子像爸爸一样高。
이 아이는 아빠처럼 키가 크다.

她笑得像花一样漂亮。
그녀는 꽃처럼 예쁘게 웃는다.

今天的天气好像春天一样暖和。
오늘 날씨는 마치 봄처럼 따뜻하다.

3. 동사 중첩

然后，我计划跟朋友们**看看**电影，**吃吃**火锅。

동사는 중첩하여 사용할 수 있으며, 가벼운 동작 혹은 시도의 의미를 나타낸다. 또한 다른 사람에게 요청할 때 어기를 부드럽게 하는 기능도 있다. 의미는 '~를 좀 해보다'로 '동사+一下'와 유사하다.

1음절 동사는 중첩된 동사 사이에 수사 '一'를 추가할 수 있고, 완료된 동작을 나타낼 때는 동태조사 '了'를 중첩된 동사 사이에 놓는다.

1음절 AA	看看 kànkan 尝尝 chángchang 听听 tīngting	看一看 kàn yi kàn 尝一尝 tīng yi tīng 听一听 tīng yi tīng	看一下 kàn yíxià 尝一下 cháng yíxià 听一下 tīng yíxià
2음절 ABAB	学习学习 xuéxixuéxi 休息休息 xiūxi xiūxi 商量商量 shāngliangshāngliang		学习一下 xuéxí yí xià 休息一下 xiūxi yí xià 商量一下 shāngliang yíxià

你看看他画得怎么样？
당신이 보기에 그가 그린 게 어때요?

我想试试这件衣服。
나는 이 옷을 좀 입어보고 싶어요.

我们休息休息吧。
우리 좀 쉬어요.

我们出去走走，好吗？
우리 나가서 좀 걷는 게 어때요?

我常常去那家咖啡厅喝喝咖啡，听听音乐，看看书，挺不错。
나는 자주 그 카페에 가서 커피도 마시고, 음악도 듣고, 책도 보는데, 꽤 괜찮아요.

这本书我看了看，没什么特别的。
이 책은 내가 잠깐 봤는데, 뭐 특별한 건 없었어요.

4. 능원동사 会

虽然假期不太长，但是我一定**会**过得非常开心！

능원동사 '会'는 다음 세 가지 의미로 주로 사용된다.

① '~ 할 수 있다'는 의미로 학습이나 경험을 통해 얻은 능력을 표현한다.

我会说汉语。
나는 중국어를 할 줄 알아요.

他不会开车。
그는 운전할 줄 몰라요.

② '일 것이다', '~할 가능성이 있다'의 뜻으로 미래 사건에 대한 추측이나 가능성을 표현하며, 이때는 문장 끝에 '的'를 사용할 수 있다.

我想他一定会来的。
저는 그가 반드시 올 것이라 생각해요.

这种水果不会很贵的。
이런 과일은 아주 비싸지는 않을 거예요.

③ '会'가 정도 부사의 수식을 받으면, 어떤 능력이 기교적으로 '뛰어나다', '~에 능하다'는 의미를 나타낸다.

他很会说话。
그는 말을 아주 잘해요.

연습 문제

一. 다음 제시어 중 알맞은 것을 골라 빈칸을 채우세요.

Ⓐ 计划　　Ⓑ 暖和　　Ⓒ 开心　　Ⓓ 旅游　　Ⓔ 寒假

① ________马上就要到了。
② 海南的冬天暖和得像春天________一样。
③ 我要跟家人一起去海南________。
④ 我________跟朋友们看看电影，吃吃火锅。
⑤ 这个假期我一定会过得非常________！

二. 본문 내용을 바탕으로 서로 관련된 표현을 선으로 연결하세요.

跟家人一起 •	• 像春天一样
海南的冬天 •	• 好好儿休息一下
寒假里打算 •	• 旅游
跟朋友们 •	• 看电影、吃火锅

三. 본문 내용을 바탕으로 아래 질문에 알맞은 답을 고르세요.

① 这个假期"我"首先要做什么？（　　）
Ⓐ 跟朋友看电影　Ⓑ 跟家人去旅游　Ⓒ 在家休息

② "我"要和谁一起去海南？（　　）
Ⓐ 朋友们　Ⓑ 同学们　Ⓒ 家人

③ 海南的冬天怎么样？（　　）
Ⓐ 很冷　Ⓑ 很热　Ⓒ 暖和得像春天

④ "我"计划跟朋友们做什么？（　　）（복수 선택 가능）
Ⓐ 看电影　Ⓑ 吃火锅　Ⓒ 旅游

⑤ 关于这个假期，下面哪句话是对的？（　　）

Ⓐ 假期很长　　Ⓑ “我”会很开心　　Ⓒ “我”要学习

四. 아래 제시어를 배열하여 문장을 완성하세요.

① 就要 / 寒假 / 了 / 到 / 马上

② 休息一下 / 我 / 打算 / 好好儿

③ 旅游 / 跟家人 / 一起 / 要 / 我 / 去海南

④ 电影 / 看 / 计划 / 我 / 跟朋友们

⑤ 非常开心 / 一定会 / 过得 / 我

五. 다음 문장을 중국어로 번역하세요.

① 나는 푹 좀 쉴 계획이에요.

② 나는 가족과 함께 하이난으로 여행을 갈 거예요.

③ 그곳의 겨울은 봄처럼 따뜻하다고 들었어요.

④ 비록 방학기간이 그다지 길지 않지만, 나는 반드시 아주 즐겁게 보낼 거예요.

⑤ 나는 친구들과 훠궈를 먹어 볼 계획이에요.

去中国过春节吧

10

탄탄 어휘

春节	Chūnjié	【명】	춘절, 설날
中国	Zhōngguó	【명】	중국
重要	zhòngyào	【형】	중요하다
传统	chuántǒng	【명】	전통
节日	jiérì	【명】	명절
想	xiǎng	【동】	생각하다, ~하고 싶다
家人	jiārén	【명】	가족
一起	yìqǐ	【부】	함께
时候	shíhou	【명】	때, 무렵
家家户户	jiājiā hùhù	【명】	집집마다
打扫	dǎsǎo	【동】	청소하다
房间	fángjiān	【명】	방
准备	zhǔnbèi	【동】	준비하다
年货	niánhuò	【명】	설 준비 물품
各种各样	gè zhǒng gè yàng	【성】	각양각색, 여러 가지의
美食	měishí	【명】	맛있는 음식
另外	lìngwài	【부】	또, 그 밖에
长辈	zhǎngbèi	【명】	웃어른, 연장자
还	hái	【부】	또, 여전히
得	děi	【능동】	~해야 하다
给	gěi	【동】	~에게 주다
晚辈	wǎnbèi	【명】	손아랫사람
发	fā	【동】	(나눠) 주다, 보내다
红包	hóngbāo	【명】	세뱃돈
如果	rúguǒ	【접】	만약, 만일
机会	jīhuì	【명】	기회
的话	dehuà	【조】	~라면
忘不了	wàng bu liǎo		잊을 수 없다

탄탄 독해

去中国过春节吧

春节是中国最重要的传统节日。中国人都是想跟家人一起过春节的。

春节的时候，家家户户都会打扫房间，准备年货、各种各样的美食。另外，长辈们还得准备发给晚辈的红包。

如果有机会，就去中国过春节吧，你一定忘不了！

읽기 연습

Qù Zhōngguó guò Chūnji é ba

Chūnjié shì Zhōngguó zuì zhòngyào de chuántǒng jiérì

Zhōngguó rén dōu shì xiǎng gēn jiārén yìqǐ guò Chūnjié de.

Chūnjié de shíhou, jiājiā hùhù dōu huì dǎsǎo fángjiān, zhǔnbèi niánhuò, gè zhǒng gè yàng de měishí.

Lìngwài, zhǎngbèi men hái děi zhǔnbèi fā gěi wǎnbèi de hóngbāo.

Rúguǒ yǒu jīhuì, jiù qù Zhōngguó guò Chūnjié ba, nǐ yídìng wàng bu liǎo!

말하기 연습

중국에 춘절 쇠러 가보세요

춘절은 중국에서 가장 중요한 전통 명절이에요. 중국인들은 모두 가족과 함께 춘절을 보내고 싶어해요.

춘절 때는 집집마다 방을 청소하고, 춘절 맞이 물건과 갖가지 맛있는 음식을 준비할 거예요. 이 외에 웃어른들은 아랫사람에게 줄 세뱃돈도 준비해야 해요.

만약 기회가 있다면 중국에 가서 춘절을 보내 보세요. 분명 잊을 수 없을 거예요!

본문 쓰기 연습

탄탄 문법

1. '是……的' 강조문

中国人都是想跟家人一起过春节的。

'是……的' 강조문은 아래와 같이 두 가지 유형이 있다.

① '是……的' 사이에 놓인 술어구와 관계된 시간·장소·방식·목적·용도·행위자 등의 특정 요소를 강조한다. 이때 문장은 이미 이루어진 의미를 나타낸다. 부정은 '是'자 앞에 '不'를 놓아 표현한다.

他是去年来上海的。
그는 작년에 상하이에 온 거예요.

他们都是坐火车去的。
그들은 모두 기차를 타고 간 거예요.

我不是来学习汉语的。
나는 중국어 배우러 온 게 아니에요.

是她告訴我的。
그녀가 나에게 알려준 거예요.

② '是……的'는 화자의 견해나 태도에 대한 확신을 강조하는 어기로도 사용되며, 이 경우 과거 시제와 관계가 없다. 부정은 강조 대상 앞에 부정 부사를 직접 사용한다.

这样说是应该的。
이렇게 말하는 건 당연한 거예요.

我是不愿意帮助他们的。
나는 그들을 돕고 싶지 않은 거예요.

你们是可以走的。
당신들은 가도 괜찮다는 거예요.

他是不会告诉你的。
그는 당신에게 알려주지 않을 거예요.

2. 양사 중첩

春节的时候，**家家户户**都会打扫房间，准备年货、各种各样的美食。

양사와 명사 중 양사로 사용되는 일부 명사는 중첩할 수 있으며, 중첩된 후에는 '모두', '다', '~마다'의 의미로 범위 내에서 예외 없음을 나타낸다. 중첩된 양사와 명사는 주어 또는 부사어로 주로 사용되고, 목적어로는 사용할 수 없다.

这里的东西个个都好。
여기 물건은 하나하나 다 좋아요.

她穿的衣服件件都很漂亮。
그녀가 입는 옷은 모두 다 아주 예뻐요.

人人都知道这件事。
모든 사람들이 다 이 일을 알아요.

他天天都来我家玩儿。
그는 날마다 우리 집에 놀러 와요.

过年的时候家家都包饺子。
설을 쇨 때 집집마다 만두를 빚어요.

3. 능원동사 得

另外，长辈们还**得**准备发给晚辈的红包。

능원동사 '得'는 'děi'로 읽으며, 능원동사 '要'의 당위성 용법과 같이 '~해야 한다'의 의미를 나타낸다. 부정형은 '不用'이나 '不必'를 사용하여 나타낸다.

你得听妈妈的话。
너는 엄마의 말을 들어야 해요.

明天我得六点起床。
내일 나는 6시에 일어나야 해요.

你只是感冒了，不必吃这种药。
당신은 감기일 뿐이니, 이런 약을 먹을 필요 없어요.

4. 가능보어

如果有机会，就去中国过春节吧，你一定**忘不了**！

가능보어는 술어 동사의 뒤에서 동작이 어떤 결과나 상황에 도달할 수 있는지를 나타내며, 주로 아래 두 가지 유형으로 사용된다.

① 동사와 결과보어 혹은 방향보어 사이에 긍정형식은 '得'를, 부정형식은 '不'를 놓아 구성한다.

	결과보어와 결합	방향보어와 결합
긍정형	看得懂 보고 이해할 수 있다 买得到 살 수 있다 写得完 다 쓸 수 있다	进得去 들어갈 수 있다 回得来 돌아올 수 있다 走得出去 걸어나갈 수 있다
부정형	看不懂 보고 이해할 수 없다 买不到 살 수 없다 写不完 다 쓸 수 있다	进不去 들어갈 수 없다 回不来 돌아올 수 없다 走不出去 걸어나갈 수 없다

你看得懂这本书吗?
당신은 이 책을 보고 이해할 수 있나요?

他明年回不来。
그는 내년에 돌아올 수 없어요.

我的电脑修不好。
내 컴퓨터는 제대로 고칠 수가 없어요.

② 동사와 '완료하다'는 의미의 了(liǎo)가 결합된 사이에 긍정형식은 '得'를, 부정형식은 '不'를 놓아 구성한다.

긍정형	忘得了 잊을 수 있다	吃得了 먹을 수 있다	受得了 참을 수 있다	解決得了 해결할 수 있다
부정형	忘不了 잊을 수 없다	吃不了 먹을 수 없다	受不了 참을 수 없다	解決不了 해결할 수 없다

你一个人吃得了这么多吗？
당신 혼자서 이렇게 많은 음식을 다 먹을 수 있나요?

今天我有急事，去不了你家。
오늘 나는 급한 일이 있어서 당신 집에 갈 수 없어요.

姐姐生病了，今天上不了班。
언니는 병이 나서 오늘 출근할 수 없어요.

不看不知道，一看忘不了。
안 보면 몰라도 한 번 보면 잊을 수 없어요.

哈尔滨的冬天真让人受不了。
하얼빈의 겨울은 정말 사람을 견딜 수 없게 해요.

연습 문제

一. 다음 제시어 중 알맞은 것을 골라 빈칸을 채우세요.

Ⓐ 打扫　　Ⓑ 传统节日　　Ⓒ 最重要　　Ⓓ 忘不了　　Ⓔ 红包

① 春节是中国________的________。
② 家家户户都会________房间，准备年货。
③ 长辈们要准备发给晚辈的________。
④ 去中国过春节吧，你一定________！

二. 본문 내용을 바탕으로 서로 관련된 표현을 선으로 연결하세요.

最重要的 •	• 给晚辈红包
家家户户 •	• 各种各样的美食
准备 •	• 传统节日
长辈发 •	• 打扫房间

三. 본문 내용을 바탕으로 아래 질문에 알맞은 답을 고르세요.

① 课文说春节是中国什么样的节日？（　　）
Ⓐ 最热闹的　　Ⓑ 最重要的　　Ⓒ 最长的

② 中国人过春节时最想和谁在一起？（　　）
Ⓐ 家人　　Ⓑ 朋友　　Ⓒ 同事

③ 春节时，家家户户都会做什么？（　　）(복수 선택 가능)
Ⓐ 打扫房间　　Ⓑ 准备年货和美食　　Ⓒ 出去旅游

④ 红包是谁发给谁的？（　　）
Ⓐ 晚辈发给长辈　　Ⓑ 朋友互相发　　Ⓒ 长辈发给晚辈

⑤ 课文最后建议我们做什么？（　　）

Ⓐ 学习中文　　Ⓑ 去中国过春节　　Ⓒ 吃中国菜

四. 아래 제시어를 배열하여 문장을 완성하세요.

① 春节 / 中国 / 传统节日 / 最重要的 / 是

____

② 家家户户 / 都会 / 春节的时候 / 打扫房间

____

③ 各种各样的 / 准备 / 美食 / 家家户户

____

④ 红包 / 准备 / 晚辈的 / 发给 / 长辈们 / 要

____

⑤ 如果 / 去中国 / 过春节 / 有 / 机会 / 就

____

五. 다음 문장을 중국어로 번역하세요.

① 춘절은 중국에서 가장 중요한 전통 명절이에요.

____

② 중국인들은 모두 가족과 함께 춘절을 보내고 싶어해요.

____

③ 춘절 때는 집집마다 춘절 맞이 물건과 갖가지 맛있는 음식을 준비할 거예요.

④ 어른들은 아랫사람에게 줄 세뱃돈도 준비해야 해요.

⑤ 만약 기회가 있다면 중국에 가서 춘절을 보내 보세요.

연습문제 참고 답안

第 1 课 我喜欢的

一. 다음 제시어 중 알맞은 것을 골라 빈칸을 채우세요.

① Ⓑ (喜欢) / ② Ⓐ (好吃) / ③ Ⓒ (因为) / ④ Ⓓ (很少)

二. 본문 내용을 바탕으로 서로 관련된 표현을 선으로 연결하세요.

- 甜甜的 —— 葡萄
- 软软的 —— 香蕉
- 又甜又脆的 —— 苹果
- 好吃的 —— 中国菜

三. 본문 내용을 바탕으로 아래 질문에 알맞은 답을 고르세요.

① Ⓑ / ② Ⓒ / ③ Ⓐ / ④ Ⓑ

四. 아래 제시어를 배열하여 문장을 완성하세요.

① 我喜欢吃水果。
② 葡萄甜甜的。
③ 我也特别喜欢中国菜。
④ 我不太能吃辣。
⑤ 我很少吃麻辣烫。

五. 다음 문장을 중국어로 번역하세요.

① 我特别喜欢中国菜。
② 因为我不太能吃辣，所以很少吃麻辣烫。
③ 葡萄甜甜的，香蕉软软的。
④ 苹果又甜又脆。
⑤ 饺子和鸡蛋炒饭都非常好吃。

第 2 课 我的中国朋友

一. 다음 제시어 중 알맞은 것을 골라 빈칸을 채우세요.

① Ⓐ (叫) / ② Ⓔ (学习) / ③ Ⓓ (喜欢) / ④ Ⓑ (一起) / ⑤ Ⓒ (对)

二. 본문 내용을 바탕으로 서로 관련된 표현을 선으로 연결하세요.

- 韩国的 —— 金敏智
- 中国的 —— 李明
- 学习 —— 中文
- 来自 —— 北京

三. 본문 내용을 바탕으로 아래 질문에 알맞은 답을 고르세요.

① Ⓑ / ② Ⓑ / ③ Ⓐ / ④ Ⓒ / ⑤ Ⓐ, Ⓑ

四. 아래 제시어를 배열하여 문장을 완성하세요.

① 我叫金敏智。
② 我也非常喜欢中国。
③ 我和李明一起学习中文。
④ 李明是北京人。
⑤ 我和他在一起很开心。

五. 다음 문장을 중국어로 번역하세요.

① 我很喜欢中文，也非常喜欢中国。
② 我有一个中国朋友。
③ 他叫李明，是北京人。
④ 我们每天一起学习中文，一起吃饭。
⑤ 李明对我很好，和他在一起，我很开心。

第3课 我的一天

一. 다음 제시어 중 알맞은 것을 골라 빈칸을 채우세요.

① Ⓐ (看书) / ② Ⓑ、Ⓒ (面条、炸猪排) / ③ Ⓓ (起床) / ④ Ⓔ (打电话)

二. 본문 내용을 바탕으로 서로 관련된 표현을 선으로 연결하세요.

- 早上7点半 —— 起床
- 上午9点 —— 有中文课
- 中午12点 —— 在学校食堂吃饭
- 下午3点后 —— 在图书馆看书
- 晚上11点左右 —— 睡觉

三. 본문 내용을 바탕으로 아래 질문에 알맞은 답을 고르세요.

① Ⓑ / ② Ⓒ / ③ Ⓐ / ④ Ⓑ、Ⓒ / ⑤ Ⓒ

四. 아래 제시어를 배열하여 문장을 완성하세요.

① 我每天早上7点半起床。
② 上午9点我学习中文。/ 我上午9点学习中文。
③ 中午我喜欢吃面条。/ 我中午喜欢吃面条。
④ 下午3点下课后，我在图书馆看书。
⑤ 晚上11点左右我睡觉。/ 我晚上11点左右睡觉。

五. 다음 문장을 중국어로 번역하세요.

① 我每天早上7点半起床。
② 上午9点我有课，学习中文。
③ 中午12点，我在学校食堂吃饭。
④ 晚上7点，我和朋友打电话。

⑤ 下午3点下课后，我常常在图书馆看书。

第 4 课　我的房间

一. 다음 제시어 중 알맞은 것을 골라 빈칸을 채우세요.

① Ⓐ (放着) / ② Ⓒ (一双) / ③ Ⓑ (挂着) / ④ Ⓔ、Ⓓ(没有、想)

二. 본문 내용을 바탕으로 서로 관련된 표현을 선으로 연결하세요.

- 白色软软的 —— 枕头
- 床下的 —— 鞋子
- 桌上的 —— 书、笔和杯子
- 墙上的 —— 中国地图
- 靠着窗户的 —— 床

三. 본문 내용을 바탕으로 아래 질문에 알맞은 답을 고르세요.

① Ⓐ、Ⓑ / ② Ⓑ / ③ Ⓒ / ④ Ⓑ

四. 아래 제시어를 배열하여 문장을 완성하세요.

① 这是我的房间。
② 床上放着一个白色软软的枕头。
③ 床前面是一张桌子。
④ 房间墙上挂着一张中国地图。
⑤ 房间里没有冰箱。

五. 다음 문장을 중국어로 번역하세요.

① 这是我的房间。

② 房间里有一张床，靠着窗户。

③ 桌上有书、笔和杯子。

③ 房间墙上挂着一张中国地图。

④ 床下摆着一双鞋子。

第 5 课　一年四季

一. 다음 제시어 중 알맞은 것을 골라 빈칸을 채우세요.

① Ⓐ (春天) / ② Ⓓ (热) / ③ Ⓒ (凉快) / ④ Ⓑ (极了) / ⑤ Ⓔ (雪)

二. 본문 내용을 바탕으로 서로 관련된 표현을 선으로 연결하세요.

- 春天 —— 能看到绿叶和花儿
- 夏天 —— 吃西瓜
- 秋天 —— 枫叶红了
- 冬天 —— 堆雪人

三. 본문 내용을 바탕으로 아래 질문에 알맞은 답을 고르세요.

① Ⓑ / ② Ⓐ / ③ Ⓒ / ④ Ⓑ / ⑤ Ⓑ

四. 아래 제시어를 배열하여 문장을 완성하세요.

① 一年有春夏秋冬四个季节。

② 春天很暖和。

③ 我每天都吃冰凉的西瓜。

④ 秋天比较凉快。

⑤ 我最喜欢在雪地里堆雪人。

五. 다음 문장을 중국어로 번역하세요.

① 每个季节都有不同的风景。
② 我每天都吃清凉的西瓜。
③ 山上的枫叶都红了，漂亮极了。
④下雪的时候，我最喜欢在雪地里堆雪人。
⑤ 到处都能看到绿绿的叶子和美丽的花儿。

第 6 课 我的宠物

一. 다음 제시어 중 알맞은 것을 골라 빈칸을 채우세요.

① Ⓐ (叫) / ② Ⓑ (特别) / ③ Ⓒ (既……又……) / ④ Ⓓ (只要……就……) / ⑤ Ⓔ (不仅……还……)

二. 본문 내용을 바탕으로 서로 관련된 표현을 선으로 연결하세요.

- 白色的 —— 名字是"豆腐"
- 爱吃的 —— 鱼
- 吃完后 —— 睡觉
- 我的 —— 好朋友
- 跟我在一起 —— 快五年了

三. 본문 내용을 바탕으로 아래 질문에 알맞은 답을 고르세요.

① Ⓑ / ② Ⓒ / ③ Ⓑ / ④ Ⓐ、Ⓑ / ⑤ Ⓐ

四. 아래 제시어를 배열하여 문장을 완성하세요.

① 我有一只猫。
② 我的猫吃得很多。

③ 它特别爱吃鱼。
④ 我既喂它吃东西，又和它玩儿。
⑤ 那只猫已经跟我在一起快五年了。

五. 다음 문장을 중국어로 번역하세요.

① 只要我在，我的猫就玩得很开心。
② 我的猫不仅是我的宠物，还是我的好朋友。
③ 我有一只猫。
④ 我家的猫特别爱吃鱼，吃完后总是睡觉。
⑤ 我每天既喂我家的猫吃东西，又和它玩儿。

第 7 课 购物

一. 다음 제시어 중 알맞은 것을 골라 빈칸을 채우세요.

① Ⓐ (超市) / ② Ⓔ (平时) / ③ Ⓑ (价格) / ④ Ⓓ (便宜) / ⑤ Ⓒ (味道)

二. 본문 내용을 바탕으로 서로 관련된 표현을 선으로 연결하세요.

- 去 —— 超市
- 喝 —— 豆奶
- 比较 —— 价格
- 尝过 —— 奶油口味
- 坐 —— 车回家

三. 본문 내용을 바탕으로 아래 질문에 알맞은 답을 고르세요.

① Ⓒ / ② Ⓒ / ③ Ⓑ / ④ Ⓐ / ⑤ Ⓑ

四. 아래 제시어를 배열하여 문장을 완성하세요.

① 今天我去超市了。
② 我平时喜欢喝豆奶。
③ 豆奶的价格比牛奶高。
④ 我买了一些奶油面包。
⑤ 我买好了所有东西，就坐车回家了。

五. 다음 문장을 중국어로 번역하세요.

① 我平时喜欢喝豆奶。
② 今天我去超市买了很多东西。
③我坐车回家了。
④ 我还买了一些面包。
⑤ 今天豆奶的价格高，所以选择了更便宜的。

第 8 课　周末去公园

一. 다음 제시어 중 알맞은 것을 골라 빈칸을 채우세요.

① Ⓒ (附近) / ② Ⓐ (一直) / ③ Ⓓ (欣赏) / ④ Ⓔ (长椅) / ⑤ Ⓑ (舒服)

二. 본문 내용을 바탕으로 서로 관련된 표현을 선으로 연결하세요

- 走着过去 —— 离学校很近
- 公园里的花 —— 都开了，很漂亮
- 湖水 —— 很清，让人舒服
- 坐在湖边 —— 一边听音乐一边欣赏风景
- 喝着咖啡聊天 —— 找了一张长椅

三. 본문 내용을 바탕으로 아래 질문에 알맞은 답을 고르세요.

① Ⓒ / ② Ⓑ / ③ Ⓐ、Ⓑ / ④ Ⓑ / ⑤ Ⓒ

四. 아래 제시어를 배열하여 문장을 완성하세요.

① 我们去了学校附近的一个公园。
② 湖水让人觉得很舒服。
③ 我们一边听音乐一边欣赏美丽的风景。
④ 下午我们找了一张长椅。
⑤ 我们喝着咖啡聊天。

五. 다음 문장을 중국어로 번역하세요.

① 周末我和朋友去了学校附近的一个公园。
②公园离学校很近。
③ 我们走着过去。
④ 我们聊得特别开心。
⑤ 公园里的花儿都开了，很漂亮。

第 9 课 我的寒假

一. 다음 제시어 중 알맞은 것을 골라 빈칸을 채우세요.

① Ⓔ (寒假) / ② Ⓑ (一样) / ③ Ⓓ (旅游) / ④ Ⓐ (计划) / ⑤ Ⓒ (开心)

二. 본문 내용을 바탕으로 서로 관련된 표현을 선으로 연결하세요.

• 跟家人一起 —— 旅游
• 海南的冬天 —— 像春天一样
• 寒假里打算 —— 好好儿休息一下

• 跟朋友们 —— 看电影、吃火锅

三. 본문 내용을 바탕으로 아래 질문에 알맞은 답을 고르세요.

① Ⓑ / ② Ⓒ / ③ Ⓒ / ④ Ⓐ、Ⓑ / ⑤ Ⓑ

四. 아래 제시어를 배열하여 문장을 완성하세요.

① 寒假马上就要到了。
② 我打算好好儿休息一下。
③ 我要跟家人一起去海南旅游。
④ 我计划跟朋友们看电影。
⑤ 我一定会过得非常开心！

五. 다음 문장을 중국어로 번역하세요.

① 我打算好好儿休息一下。
② 我要跟家人一起去海南旅游
③ 听说那里的冬天暖和得像春天一样。
④ 虽然假期不太长，但是我一定会过得非常开心！
⑤ 我计划跟朋友们吃吃火锅。

第 10 课 去中国过春节吧

一. 다음 제시어 중 알맞은 것을 골라 빈칸을 채우세요.

① Ⓒ (最重要) / Ⓑ (传统节日) / ② Ⓐ (打扫) / ③ Ⓔ (红包) / ④ Ⓓ (忘不了)

二. 본문 내용을 바탕으로 서로 관련된 표현을 선으로 연결하세요.

• 最重要的 —— 传统节日

• 家家户户 —— 打扫房间
• 准备 —— 各种各样的美食
• 长辈发 —— 给晚辈红包

三. 본문 내용을 바탕으로 아래 질문에 알맞은 답을 고르세요.

①Ⓑ / ②Ⓐ / ③Ⓐ、Ⓑ / ④Ⓒ / ⑤Ⓑ

四. 아래 제시어를 배열하여 문장을 완성하세요.

① 春节是中国最重要的传统节日。
② 春节的时候家家户户都会打扫房间。
③ 家家户户准备各种各样的美食。
④ 长辈们要准备发给晚辈的红包。
⑤ 如果有机会，就去中国过春节吧。

五. 다음 문장을 중국어로 번역하세요.

① 春节是中国最重要的传统节日。
② 中国人都是想跟家人一起过春节的。
③ 春节的时候，家家户户都会准备年货、各种各样的美食。
④ 长辈们还得准备发给晚辈的红包。
⑤ 如果有机会，就去中国过春节吧！

스탠다드 탄탄 중국어 초급 독해 I

초판 인쇄　2026년 2월 10일
초판 발행　2026년 2월 20일

지은이　정주연 · 감건
펴낸이　장 의 동
펴낸곳　중문출판사
주　소　대구광역시 중구 봉산문화길 70
전　화　(053) 424-9977
E-mail　jmpress@hanmail.net
등록번호　1985년 3월 9일 제 1-84

ISBN　978-89-8080-679-9　93720

정가　17,000원